दर्शनमाला

(श्रीनारायणगुरुविरचिता)

व्याख्यानम्

गुरु मुनि नारायणप्रसादः

प्रोफेसर् म० हरिहरशास्त्री

DK®
PRINTWORLD
भारतीय परम्पराओं के प्रकाशक

Cataloging in Publication Data — DK

[Courtesy: D.K. Agencies (P) Ltd. <docinfo@dkagencies.com>]

Narayana Guru, 1856-1928, **author.**
Darśanamālā / Śrīnārāyaṇaguruviracitā ; vyākhyānam, Guru Muni Nārāyaṇaprasādaḥ, Prophesar Mā. Hariharaśāstrī.
pages cm
In Sanskrit.
Reprint. Originally published: 1998.
On Hindu philosophy.
Copyright: Narayana Gurukula, Verkala.
ISBN 9788124601099 (PB)

1. Advaita. 2. Hindu philosophy. I. Narayana Prasad, Muni, 1938- writer of added commentary. II. Śāsṯri, Eṃ. Ecc., 1911-2012, writer of added commentary. III. Narayana Gurukula. IV. Title.

LCC B132.A3N37 2025 | DDC 181.482 23

Commentator:
Guru Muni Narayana Prasad (b.1938)
Professor Mahadevayyar Harihar Shastri (1911-2012)

ISBN: 978-81-246-0109-9
First published in 1998
Reprinted in 2025

Printed and published by:
D.K. Printworld (P) Ltd.
Regd. Office: "Vedaśrī", F-395, Sudarshan Park
ESI Hospital Metro Station, New Delhi – 110015
Phones: (011) 4172 2626, 98713 94815
e-mail: indology@dkprintworld.com
Website: www.dkprintworld.com

विषयसूची

परिचायकम्

श्रीनारायणगुरुः स्वीयं अत्मतत्त्वदर्शनं सांप्रदायिकपथेनैव दर्शनमालायां सुष्ठु विवृणोतीति सुविदितम्। नैषा कृतिरास्तिकनास्तिकदर्शनानि क्रोडीकृत्य विरचिता; किंतु तदद्वयमेकं ब्रह्मसत्यं बहुमुखवीक्षणैः प्रकाशयन्तीयं दशदर्शनकुसुमानि सम्यगेकीकृत्य पुष्पदामेव भाति।

तदेकमपि वस्तु रीतिभेदैर्वैविध्येन द्रष्टुं कल्पयितुं च शक्यम् विविधवास्तुकलाभासुरं किमपि क्षेत्रं दिशाभेदेन वीक्ष्यमाणं विभिन्नाकारं प्रतीयते। तथैव जिज्ञासुभिःप्राप्यं परमलक्ष्यं एकमेव ब्रह्म दशभिर्वीक्षणकोणैर्दृश्यमानमपि पार्यन्तिकत्वेनैकमेव। तद्ब्रह्माचञ्चलयान्तर्दृष्ट्या प्राप्नुयादिति सत्यमेव।

श्रीमन्नारायणगुरुणा वेदान्तलोके दर्शितोयं अभिनवः पन्थाः- अध्यारोपः, अपवादः, असत्यम्, माया, भानम्, कर्म, ज्ञानम्, भक्तिः, योगः, निर्वाणम् इति तानि दश दर्शनानि। दशभिरेभिर्दर्शनैरुद्ग्रथिता मालेयम्। तस्याः स्रजः स्वायत्तं घटनारूपमस्ति। उभयोः कोट्योरायोजनेनैव सा कण्ठे धर्तुं शक्यते। दर्शमालाया अपि उभयकोटियोजनमवश्यं कर्तव्यम्। कुतोयं प्रपञ्चः समजनीति प्रबोधयन् गुरुरुपदेशमारभते। अपि च पुनरावृत्तिरहितं सर्वमिदं एकस्मिन् ब्रह्मणि विलीयत इति स्फुटीकृत्य विरमति चात्मारामः।

सर्वाण्यपि स्वप्नदृश्यान्युपबोधमण्डलादुद्भूतानि। तान्येव जागरितावस्थायां तत्र बोध एव विलीयन्ते। तथा ब्रह्मणि प्रतीतोऽयं प्रपञ्चानुभवः तदभावे ब्रह्मण्येव निलीयते। एषा चिन्तागतिरेव दर्शनमालायाम्। अत्र उभयकोटिसम्मिलितः सत्यसाक्षात्कारः।

सर्वासामपि गुणनिकानां मध्ये अस्ति चकास्ति कोऽपि नायकमणिः। तथा दशदशकसंपुष्टायाम् अक्लिष्टायां दर्शनमालायामपि विद्यते कोऽप्यद्भुता वहो मध्ये महामणिः। अस्यां मणिशतकसम्मिलितायां पञ्चाशत्तमस्थानीयः श्लोको नायकायते। अत्र भासमानं ओं तत्सदिति महावाक्यं चैतन्यमिव प्रसरत्यामूलशिखरमस्याम्। अपि च कश्चिदपरः सूक्ष्मतरो मध्यममणिः अस्यां निगूहित इति सूक्ष्मदृग्भिर्ज्ञेयम् । अत्र पञ्चमदशकचतुर्थपादान्तगतं तदित्यक्षरं ब्रह्म लक्षयति। तथा षष्ठदशकस्यादिमं पदं आत्मेति भवति। तदा पूर्वोत्तरयोरुभयोः श्लोकयोः 'तदात्मा' इति संयोज्य ब्रह्मात्मनोरैक्यं निगूढत्तरं उद्घोषितमिति मन्यामहे।

1 अध्यारोपदर्शनम्।

अत्र प्रथमदर्शनस्य अध्यारोपदर्शनमिति संज्ञा कृता। यथा--अयं प्रपञ्चो ब्रह्मण्यध्यारोपितो भवति; न वस्तुतः। स्वप्नः, मायावी, बीजाङ्कुरः, चित्रकारः, योगी, वेतालनगरी, सुप्तिः, धाना इति बहुभिर्दृष्टान्तैरयमात्मैव सृष्टिस्थितिप्रलयान्तरैः परिवर्तमानः सर्वमिदं भासयन्भातीति अस्मिन् दर्शने स्पष्टमाचष्टे गुरुः। अस्मिन् प्रकृते क्रमसृष्टिवादगतिं निराकरोति। तथा युगपत्सृष्टिवादस्य स्वीकृतिमपि विधत्ते। एवं दृश्यादृश्येऽस्मिन् प्रपञ्चे अविद्याविद्याख्ये उभे अङ्गे इव वर्तेते। अथ सदसद्रूपं सर्वमिदं ब्रह्मण्यध्यारोपितमिति चिन्तागतिं अङ्गीकरोति।

2 अपवाददर्शनम्।

ब्रह्मण्यध्यारोपितं जगदपोह्य सत्यान्वेषणमत्र विषयः। कार्यकारणयोः कार्यस्य अधिष्ठानं कारणं किमित्यन्विष्यते। असतः कार्यस्य उत्पत्तिस्थिति-लया न विद्यन्ते। तद्रहितमेकं ब्रह्मैव। तद्धि सच्चिदानन्दात्मकम्। तदनालोकमानो

विपश्चिदपीमं प्रपञ्चं सत्यं मन्वानः जीवितं नरकायैव नयति।

3 असत्यदर्शनम्।

अनित्यमिदं दृश्यं संकल्पमात्रकल्पितमिति अत्र विमृश्यते। संकल्पकाल एव दृश्यस्य अस्तित्वम्। तदभावे तदभावः। संकल्पकल्पितस्यास्य दृश्यस्यास्तित्वे गुणमयी मायैव हेतुः। अतो मायैव जगतामदिकारणमिति तत्त्वमस्मिन् दर्शने द्रढयति। शिला च शिवलिङ्गञ्च अद्वयात्मकं यथा दृश्यते, तथैव ब्रह्म जगच्च उभे न द्विधा विभिद्येते। अत्र परिणामवादगतिं तिरस्कृत्य विवर्तवादगतिमङ्गीकरोति गुरुः।

एवं सत्यपवाददर्शने ब्रह्मैव जगतो हेतुरित्युदीर्य असत्यदर्शने तु अत्र माया कारणमिति सूचयति। तदा अत्रैकस्यैव जगत उभे कारणे स्त इति सन्देहः संजायते। तर्हि घटस्य मृत्स्नेव ब्रह्मैव जगतामुपादान- कारणमित्यवधारयेत्। अत्र कारणमेव सत्यम् कार्यं तु न सत्यम्। अनित्ये कार्ये नित्यबुद्धिरेव मायाकृतः कोऽपि भ्रमः। तदनुसृत्य अनित्ये प्रपञ्चे नित्यबुद्ध्या वयं जीवामः। तदेवं ज्ञानमज्ञानेनावृतमिति सत्यदर्शिनो वदन्ति। एवं सति जगतो माया आदिकारणमित्यपि कथ्यते। अत उभे कारणे एते प्रकरणभेदेन उभयत्र विविच्य ज्ञातव्ये।

4 मायादर्शनम्।

अस्मिन् दर्शने पूर्वोक्तरीत्या जगदादिकारणभूतां मायां उपजीव्यैव सत्यं द्रष्टुं यतते गुरुः।'न विद्यते या सा माया' इत्यन्वर्थ एवात्र मायाशब्दः। सैव माया विद्या, अविद्या, परा, अपरा, तमः, प्रधानम्, प्रकृतिरिति बहुधा भासते। सत्यमावृत्य असत्यं सत्यमिव प्रकाशयन्ती माया। शंकरस्य मायावादे तु तस्याः शक्तिः आवरणविक्षेपभेदेन द्विधा निरूपिता। अत्र गुरुः

तदेकीकृत्य आवरणभावमेव स्वीकरोति। एवं मायाप्रभावं विदित्वा तदावरणं दूरीकृत्य निगूढमात्मसत्यम् द्रष्टव्यम्। तान्येवावरणानि विद्यादीनि। तानि बहुधा स्थितान्यपाकृत्य यदाप्नोति तदेवाद्वैतं सत्यम्। एवं साधकोऽनेन पथा सञ्चरमाणः स्वयं सत्यं प्राप्नुयात्। तत्कथमित्यस्मिन् दर्शने विविच्य नोपदिष्टम्। इतरेषां दर्शनानां तु तत्तद्रहस्यं अन्तिमपद्येषु निवेशितम्।

तथा शांकरदर्शन इव अत्राविद्याशब्दो न मायापर्यायः, न च तस्याः व्यष्टिप्रतिपादकः। एतदेव स्वस्मिन्नात्मोपदेशशतके द्विसप्ततितमे श्लोके गुरुवरेण सूचितम्।

5 भानदर्शनम्।

एकस्यैव चिद्वस्तुनो भानमेव बाह्याभ्यन्तरविषयभेदेन स्थूलसूक्ष्मकारणतुर्यभेदेन च विद्योतते। एतदखिलं एकस्य बोधस्य परमात्मसत्यस्य भानमेवेति ज्ञायते। अध्यस्तं सर्वमसदेव। अनध्यस्तमात्मतत्त्वमेव सदिति कथ्यते।

स्थूलसूक्ष्मकारणतुर्यभानान्यनध्यस्ते चिद्वस्तुन्यध्यस्तमात्राणि भवन्ति। स्थूलसूक्ष्मकारणशरीराणि, तेषु भासमानाः वैश्वानरतैजसप्राज्ञरूपा आत्मभावाश्चात्र नैव परामृश्यन्ते। बाह्याभ्यन्तरभेद एव स्वीक्रियते। स्थूलत्वादीनि भानाश्रयगतान्येव भाने उपचर्यन्ते। अत्र तुर्यावस्थामपि भानत्वेन प्रतिपादयतीति श्रद्धेयम्। तुर्यावस्था तु यावत्संकल्पविषयो भवति तावद्भानतां नातिवर्तते।

सर्वेषां दर्शनसंप्रदायानां मतानां चात्मसत्ता अहं, अयं प्रपञ्चः, सर्वाधारभूतं सत्यम् एतानि त्रीणि समाहृत्य जीवितं सार्थकं कर्तुं सर्वेऽपि यतन्त इति पिण्डिताशयः।

दर्शनमालायाः पूर्वेषु पञ्चसु दर्शनेषु, अस्य प्रपञ्चस्याधिष्ठानं कथं

परमात्मेति निर्दिश्यते। दृश्यमानमिदं सर्वं सत्यस्वरूपे इन्द्रियातीते परमात्मनि अध्यस्तत्वाद्भानमेव भवति। एषु दर्शनेषु पञ्चभिरुपाधिभिः सर्वाधिष्ठानभूतं तद्वस्त्वेव निरूप्यते।

अतः परं पञ्चसु दर्शनेषु अहंप्रत्ययगोचरस्य सर्वाधारभूतस्य च अभेदता वीक्षणभेदैर्निरूप्यते। साधकदशायामपि कश्चिदात्मसत्तामेव कर्मरूपेण प्रकटितामवबुध्यते।

6 कर्मदर्शनम्।

एक आत्मैव मायया बहुरूपाणि गृहीत्वा निद्रायां तैजस इव सर्वाणि कर्माणि करोति। कायिकवाचिकमानसैन्द्रियिकाणि सर्वाणि कर्माणि तद्गतानि भवन्ति। भूतान्यभिव्याप्य परिदृश्यमानानि कर्माण्यपि वस्तुत आत्मन एव। तथा व्यक्तिभावेऽपि प्राणादीनां गतिविगतिभ्यां सचेतनाचेतनपराण्यपि कर्माणि आत्मन्येव प्रकटीभवन्ति। एवं अहमिति बोधोऽपि आत्मन्यध्यस्त एव। अत एव गुरुर्ब्रह्मविद्यापञ्चकस्य पर्यवसाने

"प्रारब्धं क्व नु सञ्चितं तव किमागामि क्व कर्माप्यसत्"
इति कर्मतत्त्वं प्राबोधयत्।

7 ज्ञानदर्शनम्।

कर्मणोऽपि दुर्ग्रहो ज्ञानस्य पन्थाः। अत्र ज्ञानमिति शब्देन युक्तिसहैः प्रमाणैः सुनिश्चिता कापि निर्णयबुद्धिः सूच्यते। ब्रह्मैक्यबोध एव ज्ञानमिति तत्त्वम्।

तत्सोपाधिकं निरुपाधिकमिति द्विधा भवति। अहन्तेदन्ताभ्यां वृत्तिभ्यां रहितं निरुपाधिकमिति कथ्यते। अहन्तादिसहितं तत्तु सोपाधिकम्। अत्र

सोपाधिकज्ञानस्यापि बह्व्यः शाखा विद्यन्ते। सोपाधिकज्ञानस्य परकोटिरेव परज्ञानमिति दशमश्लोके निर्दिशति। निरुपाधिकज्ञानं तु अनिर्वचनीयत्वादहङ्कारादिहीनमित्येव तदिति सूचयति। घटस्योपाधेर्ध्वंसनेन घटाकाशमहाकाशयोरभेदः यथा जायते तथैव सर्वोपाधिनिरसनेन यत्केवलं ज्ञानमवशिष्यते तदेव निरुपाधिकम्।

अथ पञ्चमसप्तमाभ्यां दर्शनाभ्यां प्रतिपादितयोर्भानज्ञानयोर्वैजात्यमपि अत्र ज्ञातव्यमिति मे मतिः। भानदर्शनं प्रपञ्चाधिष्ठानान्वेषणविषयकं भवति। ज्ञानदर्शनं तु कस्यचित्साधकस्य व्यष्टिसमष्टिसमवायरूपस्य सत्यस्याभेदबोधे संजायते। भाने अनध्यस्ते चिद्वस्तुनि अध्यस्तमेव सर्वं प्रकाशते। ज्ञानदर्शने तु साधकस्य बोध एव उपाधिभेदैः परिच्छिन्नमिव अपरिच्छिन्नमपि प्रतिभाति। अत्र उभे भानदर्शनज्ञानदर्शने समष्टिव्यष्टिरूपेण उपाधिभेदेन एकमपि द्विधा निरूपितम्।

8 भक्तिदर्शनम्।

ज्ञानदर्शने प्रमा तु सातत्येन श्रद्धायाः सुनिश्चितत्वमेव। ततोऽप्यन्तर्मुखतया जायमानायाः कस्या अप्यनुभूतेरुद्रेक एव भक्तिरिति व्यपदिश्यते। एकतानं लक्ष्यमङ्गीकृत्य कृतमानन्दात्मकं ध्यानं भक्तिरिति गुरुर्निर्दिशति। तदा आनन्दः आत्मा ब्रह्म एतन्त्रयमेकमिति निश्चिता बुद्धिः भक्तेः स्वरूपमेव। अहमानन्दः, अहं ब्रह्म, अहमात्मा इति भावनाऽपि भक्तेः सन्ततिरेव। किं बहुना दंपत्योः सङ्गोऽपि भक्तिविशेष एव। तदुपरि सत्यदर्शिषु ऋषिषु पण्डितेषु साधुषु गुरुजनेषु च संभवन्ती चित्तवृत्तिरपि सैव।

अत्र तु भक्तिभावस्य शैववैष्णवशाक्तेयादिसांप्रदायिकभक्तिभावेभ्यो व्यतिरिक्तता श्रद्धेया भवति। गुरोः स्तोत्रकृतिष्वपि आत्मनिवेदनरूपा

प्रतिपत्तिर्दृश्यते। सैव परिणतरूपा योगानुभूतिः संपद्यते।

9 योगदर्शनम्।

चिदात्मनि (चित्स्वरूपे आत्मनि) मनसः सततं योजनं युक्ततया समवस्थानञ्च प्रकृते प्रतिपाद्यमानस्य योगस्य रहस्यं भवति। तदेव मनोनिरोधशब्देन लक्ष्यते। मनस्तावच्चित्स्वरूपस्यात्मनः सङ्कल्परूपा वृत्तिरेव खलु। अतो मनसः सत्ता चिदात्मैवेति सिद्धम्। तादृशं मन एवात्मसाक्षात्काराय तीव्रतया व्याप्रियते। यद्द्रष्टुं प्रयतते तस्यात्मतत्त्वस्य स्फुरणमेव खल्वहमिति बुद्ध्वा मनः स्वस्मिन्नेव यत् परिपूर्णतयावतिष्ठते तदाभिमुख्येन प्रत्यावर्तनमेवापेक्ष्यते तस्मै सत्यसाक्षात्काराय। तस्मादेव

सततं योजयति य-
युनक्ति च चिदात्मनि।
मनोनिरोधरूपोऽयम्
स योग इति शंसितः।।

इति गुरुणा योगदर्शनम् प्रारभ्यते। छान्दोग्योपनिषदि "यथा सोम्येकेन नखनिकृन्तनेन सर्वं कृष्णायसं विज्ञातं स्याद्वाचारम्भणं विकारो नामधेयं कृष्णायसमित्येव सत्यम् इति प्रतिपाद्यते तथैवात्र मनः स्वसत्ताभूतेन चिदात्मना स्वस्यैव योजनं युक्ततया समवस्थानञ्च संपादयतीति प्रस्तूयते। तथा युगपद्योजनं युक्तता च येन भवति स भावो योगः। यदि योजनं साधनं भवेत् तर्हि युक्तत्वं सिद्धिर्भवेत्। साधनस्य सिद्धेश्चाभेदेनावस्थानमपि योगो भवति। यदा साधको दृग्भवति तदा साध्यं दृश्यं भवति। एवं विचार्यमाणे दृश्यं दृगात्मकं दृष्ट्वा स्वात्मसत्तायां युक्ततयानुभूतिरपि योग एव। शारीरिकेण महता क्लेशेन कैश्चिद्योगिभिरभ्यस्यमाना खेचरीमुद्रा केवलं

निद्रालस्यादिनाशिनी भवतीति तथाविधानां परिमितफलत्वं दर्शितं गुरुणा। राजयोगः, लययोगः, मन्त्रयोगः, नादयोगः, हठयोगः, ज्ञानयोगः भक्तियोगः, कर्मयोगः एवं बहुविधा योगाः साधकानां बहूनां मध्ये यद्यपि प्रचरन्ति तथापि तेषां सर्वेषां योगानां विस्तारो ज्ञानयोगः कर्मयोगश्चेति द्वयोर्विभागयोरन्तर्भावं भजन्त इति निरूप्य गुरुर्योगदर्शनं समापयति।

मनः स्वसत्तां चिदात्मनि दृष्ट्वा तेन युक्ततामनुभवत् स्वयमभावं प्राप्नोतीव संपद्यते। अयमेवामनीभावः। तेनैव प्रकारेण जीवात्मनः परमात्मसत्तायां युक्ततां स्वयं पश्यतीति यत्तत् जीवभावस्य स्वयमभावप्राप्त्या समानतां भजते। तथा जीवभावस्य स्वयं निवर्तनेन परमात्मनि लयरूपं निर्वाणं दर्शनमालायामन्तिमे निर्वाणदर्शने सुस्पष्टं प्रतिपाद्यते।

10 निर्वाणदशनम्।

शुद्धमशुद्धमिति निर्वाणं द्विधैव गुरुणा प्रथमं निर्दिष्टम्। तयोरप्युपाधिभेदेन शुद्धाशुद्धत्वादि विभागः। निर्वाणदर्शनम् दर्शनमाला च

एकमेवाद्वितीयं ब्र-
ह्मास्ति नान्यन्न संशयः।
इति विद्वान्निवर्तेत
द्वैतान्नावर्तते पुनः।।

इति पद्येन सर्वोपनिषत्सिद्धान्तभूतेन परिसमाप्यते।

उपनिषदृषयो दार्शनिकाश्च अनुभूत्येकवेद्यमद्वैततत्त्वं तत्तत्कालोचितां रीतिमवलम्ब्य काव्यात्मकत्वेन पुरैवावतारितवन्तः। एवमेव अस्मिन् शास्त्रयुगेऽवतीर्णेन ऋषिवर्येण नारायणगुरुणा जिज्ञासुलोकस्यानुग्रहाय कृता

दर्शनमाला

आधुनिकोपनिषदेवेयं दर्शनमाला। अत्र नास्ति सन्देहलेशावकाशः।

नारायणगुरोरन्तेवासिना श्रमिता विद्यानन्दस्वामिनैव दर्शनमाला प्रथमं व्याख्याता। तस्य शिष्यस्य प्रेरणयैव गुरुरेतां कृतिं व्यतनोदिति श्रूयते।

ममान्तेवसिनो विद्या-
नन्दस्यास्योद्गता बुधैः।
दृश्यतां बालकस्यैव
व्याख्येयं दीधितिर्मुदा।।

इति गुरुणैव अस्य व्याख्यानस्य दीधितिरिति नामापि विहितम्। एतदवलम्ब्यैव हरिहरशास्त्रिमहाभागेन कृतस्य गुरुप्रसादव्याख्यानस्य परिचायकमिदं श्रेयसे भवतु।

अत इमां रत्नमालां सत्यान्वेषिणां पण्डितलोकस्य च भूषणभूतां गुरुचरणकमलयोः सहप्रणामसहस्रेण समर्पयामीति शम्।

स्वामी मुनिः नारायणप्रसादः।

दर्शनमाला

गुरुप्रसादः व्याख्यानम्

नारायणगुरुकृतिषु श्रेष्ठा
दर्शनमाला या विदिता।
तद्व्याख्यां कुर्वेऽहं
गुरुकृपयैव प्रसादाख्याम्।।

परमकारुणिकेन नारायणगुरुणा प्रणीता दर्शनमाला तच्छिष्येष्वन्यतमेन विद्यानन्दस्वामिना दीधित्याख्यया व्याख्यया केरलभाषानिबद्धया प्रकाशिता प्रसिध्यति। नारायणगुरुकुलस्य प्रवर्तकैः संस्कृतवाङ्मयं किमपि व्याख्यानं विधातुं सप्रणयमादिष्टोऽहं यथामति पूर्वव्याख्यानुरोधेन परमगुरोर्मतं प्रतिपत्तॄणां ग्रहणसौकर्याय विशदयितुमुत्सहे। अध्यारोपादिभिर्निर्वाणान्तैर्दशभिर्दर्शनैः पुष्पत्वेनाध्यवसितैर्निबद्धा माला भवति दर्शनमाला। 'दृशिर् प्रेक्षणे' इति धातोर्भावार्थे ल्युटि निष्पन्नो दर्शनशब्दः प्रेक्षणविशेषं प्रतिपादयति। दृश्यते अनेनेति दर्शनमिति करणव्युत्पत्तौ दर्शनशब्दः शास्त्रार्थको भवति।

तत्र प्रथममध्यारोपदर्शनम्। अध्यारोपो नाम अतस्मिंस्तत्त्वाध्यासः। सच्चिदानन्दस्वरूपे ब्रह्मणि नामरूपात्मकमिदं जगदनाद्यविद्यया अध्यस्यमानं भवति। विद्यया त्वविद्यानिवृत्तौ तत्कार्यं जगदपि निवर्तते। तदिदं दर्शनमस्मिन् भागे निरूप्यते।

I

अध्यारोपदर्शनम्

आसीदग्रे सदेवेदम्
भुवनं स्वप्नवत्पुनः।
ससर्ज सर्वं सङ्कल्प-
मात्रेण परमेश्वरः।। (1)

अग्रे इदं भुवनं सदेव आसीत्। पुनः परमेश्वरः सर्वं सङ्कल्पमात्रेण स्वप्नवत् ससर्ज।

अग्रे - आदौ सृष्टेः पूर्वमिति यावत्, इदं भुवनम्-इन्द्रियैर्गोचरीक्रियमाणं वस्तुजालम्, सदेव आसीत्-सन्मात्रमभवत्, अत्र एवकारेण नामरूपयोर्व्यावृत्तिः। नामरूपरहितं निर्विशेषं ब्रह्मैव सदित्यनेन

निर्दिश्यते।"सदेव सोम्येदमग्र आसीत्" इति श्रुतिरत्रानुसन्धेया। 'असदेवेदम्' इति प्रश्लेषेण पाठे स्वीक्रियमाणे असदित्यस्य नामरूपरहितमित्यर्थः कथञ्चिद्योजनीयः। "असद्वा इदमग्र आसीत्" इति श्रुतिस्तत्र प्रमाणम्। पुनः-ततः परम् सृष्टिकाले इति यावत्। परमेश्वरः -परमश्चासौ ईश्वरश्च परमेश्वरः कर्तुमकर्तुमन्यथाकर्तुं च शक्तः ईश्वर इत्युच्यते। परमपदं सर्वादरणीयत्वं सर्वतन्त्रस्वतन्त्रत्वञ्च दर्शयति। सर्वं - सकलं वस्तुजालं, सङ्कल्पमात्रेण-केवलेन सङ्कल्पेन, स्वप्नवत्-यथा जीवः स्वप्नं सृजति तथा, ससर्ज-उत्पादयामास।

उपादाननिमित्तरूपोभयकारणत्वमीश्वरस्यैवेति सङ्कल्पमात्रेणेत्यनेन बोध्यते। स्वप्नावस्थायां मनः प्रवर्तनक्षमं भवति। मनसो वृत्तिरेव सङ्कल्पः। जीवः संकल्पेनैव स्वप्नसृष्टिं साधयति। इन्द्रियाणामिन्द्रियविषयाणाञ्च स्वप्नानुभवे निरपेक्षता सुविदिता खलु। ईश्वरसङ्कल्पमात्रसाध्यत्वं दृष्टान्तेन प्रतिपाद्यते।

'अग्रे'-इत्यस्य पारमार्थिकावस्थायां 'पुनः' -इत्यस्य व्यावहारिकावस्थायामित्यर्थश्च संगच्छते।

———❖———

वासनामयमेवादा-
वासीदिदमथ प्रभुः।
असृजन्मायया स्वस्य
मायावीवाखिलं जगत्।। (2)

सृष्टेः पूर्वं जगतः स्वरूपं प्रकारान्तरेण संवीक्ष्य ऐन्द्रजालिकदृष्टान्तेन

ईश्वरस्य जगत्सृष्टिं मायानिर्वृत्तां प्रतिपादयति।

आदौ इदं वासनामयम् एव आसीत्। अथ प्रभुः स्वस्य मायया मायावी इव अखिलम् जगत् असृजत्।

आदौ - सृष्टेः पूर्वम्, इदं - दृश्यं वस्तुजालं, वासनामयं एव - वासना नाम पूर्वानुभवजन्यः संस्कारविशेषः जगत्सृष्ट्यादिरूपं प्रवर्तनं पूर्वकल्पेष्वपि संपन्नम्। तज्जनिता ईश्वरस्य या वासना तदाकारम्, आसीत्-अविद्यत। अथ-ततः परं सृष्टिकाले इति यावत्, प्रभुः-ईश्वरः, स्वस्य मायया - माया नाम कार्यानुमेया सत्त्वेन वा असत्त्वेन वा निर्वक्तुमशक्या परमेश्वराधीना शक्तिः एवं स्वकीयया मायया कारणभूतया, मायावी इव - यथा कश्चिदैन्द्रजालिकः प्रयोगकौशलेन विविधानि वस्तूनि सृजति तथा, अखिलं जगत् - सर्वं भुवनं, असृजत् - सृष्टवान्।

वासनारूपेण स्वास्मिन् यन्निलीनमासीत् तस्य नामरूपवत्त्वापादनमेव जगतः सृष्टिरीश्वरस्य। प्रथमपद्ये केवलेन सङ्कल्पेन सृष्टिरुक्ता। सङ्कल्पश्च वासनाप्रभवः। ईश्वरस्य जगत्सृष्टौ करणत्वेन स्वकीयमायैवोपयुज्यते। ऐन्द्रजालिकदृष्टान्तेन मायासृष्टं जगदीश्वरस्य विभ्रान्त्यै नैव प्रकल्पते इति सूचितं भवति।

—— ❖ ——

प्रागुत्पत्तेरिदं स्वस्मिन्
विलीनमथ वै स्वतः।
बीजादङ्कुरवत्स्वस्य
शक्तिरेवासृजत्स्वयम्।। (3)

बीजाङ्कुरदृष्टान्तेन जगत्सृष्टिं प्रतिपादयति।

उत्पत्तेः प्राक् इदम् स्वस्मिन् विलीनम्। अथ वै बीजात् अङ्कुरवत् स्वतः स्वस्य शक्तिः एव स्वयमसृजत्।

उत्पत्तेः प्राक् - उद्भवात्पूर्वम्, इदम् - इन्द्रियैर्गोचरीक्रियमाणं वस्तुजालम्; स्वस्मिन् - आत्मनि (ईश्वरे), विलीनम् - अन्तर्गतमासीत्। अथ वै- ततः परं (सृष्टिकाले), बीजात् अङ्कुरवत् - अश्वत्थादिबीजात् स्वगता शक्तिः प्ररोहमिव, स्वतः - स्वस्मात् (ईश्वरात्), स्वस्य शक्तिरेव - स्वकीया शक्तिरेव, स्वयमसृजत्-इतरापेक्षां विनैव उदपादयत्।

ईश्वरस्य स्रष्टृत्वे सविकारत्वमापद्येत। अतः शक्तेः स्रष्टृत्वं निरूप्यते। अग्नौ दाहकत्वमिव शक्तिरीश्वरे वर्तते। सा शक्तिरेव प्रलयकाले ईश्वरे विलीनं जगत् सृष्टिकाले प्रकटीकरोति। बीजात् प्ररोहस्योत्पादने तद्गता शक्तिरेव स्वभावेन प्रवर्तते। स एव प्रकारः प्रकृते दृष्टान्ततया प्रदर्श्यते ।

———❖———

ाक्तिस्तु द्विविधा ज्ञेया
तैजसी तामसीति च।
सहवासोऽनयोर्नास्ति
तेजस्तिमिरयोरिव।। (4)

शक्तेर्द्वैविध्यं प्रस्तूयते।

शक्तिः तु तैजसी तामसी च इति द्विविधा ज्ञेया। अनयोः तेजस्तिमिरयोः इव सहवासः नास्ति।

शक्तिः तु- ईश्वरगतत्वेन पूर्वस्मिन् पद्ये निरूपिता शक्तिस्तावत्, **तैजसी** तामसी च इति द्विविधा ज्ञेया--तैजसतामसरूपेण द्विप्रकारा **बोध्या**। अनयोः - पूर्वोक्तयोः शक्त्योः, तेजस्तिमिरयोः इव - तेजसः **प्रकाशस्य** तिमिरस्य अन्धकारस्य च यथा यौगपद्येन आधेयता नास्ति, **सहवासः** नास्ति - यौगपद्येन आधेयता नास्ति।

ईश्वरस्य शक्तिद्वयमस्तीति प्रकल्प्यते। तत्रैका तैजसी भवति। **अपरा** तु तामसी। एतयोः शक्त्योः यौगपद्येन विद्यमानता नाङ्गीक्रियते। **यत्र** प्रकाशः संभवति तत्र अन्धकारस्य नास्ति संभवः। तथा यत्र **अन्धकारः** संभवति तत्र प्रकाशस्य नास्ति संभवः। तैजस्यास्तामस्याश्च **शक्त्योः** सहवासाभावः तेजस्तिमिरदृष्टान्तेन प्रतिपाद्यते। व्यवहारदशायां **तामस्याः** शक्तेः प्रवर्तनं भवति। पारमार्थिकदशायां तु तैजस्याः शक्तेः **प्रवृत्तिः**। उभयत्रापि कार्येण कारणमनुमीयते।

——— ❖ ———

मनोमात्रमिदं चित्र-
मिवाग्रे सर्वमीदृशम्।
प्रापयामास वैचित्र्यम्
भगवांश्चित्रकारवत्।। (5)

चित्रकारदृष्टान्तेन ईश्वरस्य जगत्सृष्टिं प्रतिपादयति।

अग्रे इदम् सर्वम् चित्तमिव मनोमात्रम् आसीत्। पुनः भगवान् **चित्रकारवत्** ईदृशं वैचित्र्यं प्रापयामास।

अग्रे- आदौ (सृष्टेःपूर्वं), इदं सर्वम् - इन्द्रियैर्गोचरीक्रियमाणं

सकलं वस्तुजालम्. चित्रम् इव-यथा आलेख्यं चित्रकारस्य मनोरूपेण अवर्तत तथा. मनोमात्रम् आसीत्-ईश्वरस्य मनः एव अभवत्। (मनसो वृत्तिः संकल्पः। मनस्तु वृत्तिमत्। यदा वृत्तिः शाम्यति तदा मनोमात्रत्वम्।) पुनः - सृष्टिकाले. भगवान् - षाड्गुण्यपरिपूर्णः परमेश्वरः. चित्रकारवत्-यथा चित्रकारः स्वमनोमात्रस्य चित्रस्य रेखाभिर्विविधाभिः वर्णैश्च विविधैः गजतुरगादिनानाप्रकारत्वं साधयति. तथा. ईदृशं वैचित्र्यं प्रापयामास - स्वमनोमात्रस्य जगतः विविधैः नामभिः विविधैः रूपैश्च देवमनुष्यतिर्यगादिनानाप्रकारत्वं निर्वर्तयामास।

ऐश्वर्यस्य समग्रस्य
वीर्यस्य यशसः श्रियः।
ज्ञानवैराग्ययोश्चैव
षण्णां भग इतीरणा।।

भगः अस्य अस्ति इति भगवान्। प्रथमपद्ये सन्मात्रतया स्थितस्य नामरूपवत्त्वापादनं परमेश्वरस्य जगत्सृष्टिरिति निर्दिष्टम्। तत्र च सङ्कल्पस्य करणत्वं प्रतिपादितम्। अस्मिन् पद्ये तु जगतो मनोमात्रत्वं तस्य च वैचित्र्यापादनं सृष्टिरिति चित्रकारौपम्येन प्रतिपादनमिति पूर्वस्माद् विशेषो द्रष्टव्यः।

———

आसीत् प्रकृतिरेवेदं
यथाऽदौ योगवैभवम्।
व्यतनोदथ योगीव
सिद्धिजालं जगत्पतिः।। (6)

प्रकृतिमात्रस्य जगतः योगिदृष्टान्तेन सृष्टिं प्रतिपादयति।

आदौ यथा योगवैभवम् इदम् प्रकृतिः एव आसीत्। अथ योगी सिद्धिजालम् इव जगत्पतिः इदम् व्यतनोत्।

आदौ इदम् यथा योगवैभवम् प्रकृतिः एव आसीत् - सृष्टेः- पूर्वं जगत् योगिनि बहुविधैः साधनैर्लब्धानां सिद्धीनां सम्पदिव ईश्वरनिष्ठा प्रकृतिरेवाभवत्। अथ - सृष्टिकाले, जगत्पतिः - लोकनाथः (ईश्वरः), योगी - चित्तवृत्तिनिरोधरूपेण योगेन सम्पन्नः कश्चित्सिद्धः, सिद्धिजालम् इव व्यतनोत्- सिद्धीनां समुच्चयमिव तदिदं जगत् विकारैर्बहुभिः नामरूपवत्त्वेन विस्तृतम् अकरोत्। ईश्वरप्रकृतित्वं जगतः पूर्वरूपं निर्दिश्य जगद्विस्तारे ईश्वरस्य अनायासता योगिकृतसिद्धिप्रदर्शनसरूपतया प्रतिपाद्यते। योगिनः सिद्धिप्रयोगकौशलं प्रयत्नेन सम्पादितम्। ईश्वरस्य तु जगद्वितानसामर्थ्यं स्वाभाविकमिति विशेषो द्रष्टव्यः।

❖

यदाऽत्मविद्यासङ्कोच-
स्तदाऽविद्या भयङ्करम्।
नामरूपात्मनाऽत्यर्थं
विभातीह पिशाचवत्।। (7)

यदा आत्मविद्यासङ्कोचः तदा अविद्या नामरूपात्मना पिशाचवत् अत्यर्थं भयंकरम् इह विभाति।

यदा - यस्मिन् काले (यस्यां दशायां), आत्मविद्यासङ्कोचः - आत्मविद्यायाः (यया आत्मा यथावज्ज्ञायते सा आत्मविद्या) सङ्कोचः

ह्रासः संभवति, तदा - तस्मिन् काले (तस्यां दशायां), अविद्या - अनात्मनि बुद्ध्यादौ आत्मेति ज्ञानं यया संभवति सा अविद्या, नामरूपात्मना - नाम च रूपं च नामरूपे तदात्मना नामात्मना रूपात्मना च नामरूपवत्त्वेन, पिशाचवत् - यथा अन्धकारे पिशाचप्रतीतिर्भवति तथा, इह - अत्र (यावदात्मज्ञानं पारमार्थिकं न संपद्यते तावत्), भयङ्करम् (क्रियाविशेषणम्) - भीतिजनकत्वेन, अत्यर्थं (क्रियाविशेषणम्) - पारम्येन, विभाति - प्रतीयते।

नामरूपात्मकं भवति जगत्। तत्प्रतीतिश्च अविद्याकार्यं भवति। कार्यकारणयोरभेदेन अविद्यैव जगदाकारेण विभाति इत्युक्तम्। भयङ्करत्वं पारम्यं च नानात्वप्रतीतिनिष्ठं बोद्धव्यम्। ईश्वरनिष्ठायाः मायाशक्तेः अवान्तरभेद एव अविद्या।

—— ❖ ——

भयङ्करमिदं शून्यं
वेतालनगरं यथा।
तथैव विश्वमखिलं
व्यकरोदद्भुतं विभुः।। (8)

यथा वेतालनगरं तथा एव विभुः भयङ्करं शून्यम् इदम् अखिलं विश्वम् अद्भुतं व्यकरोत्।

यथा वेतालनगरं येन प्रकारेण वेतालाख्यः भूतविशेषः प्रासादोद्यानक्रीडातटाकादियुक्तं नगरं विभ्रामकं विदधाति, तथा एव- तेनैव प्रकारेण, विभुः - परमेश्वरः, भयङ्करम् - भीतिजनकम्, शून्यम् -

अपारमार्थिकम्, इदम् अखिलं विश्वम् -इन्द्रियैर्गोचरीक्रियमाणं सर्वं वस्तुजालम्, अद्भुतम् (क्रियाविशेषणम्)-हेतोरदर्शनाद् विस्मयावहत्वेन, व्यकरोत् - विविधैर्नामभिः नानाप्रकारैराकारैश्च युक्तं कृतवान्।

"नामरूपे व्याकरवाणि" इति श्रुत्या नामरूपव्याकरणमेव जगत्सृष्टिरीश्वरस्य बोध्यते। अविदुषां पान्थानां विभ्रान्त्यै वेतालस्य मायिकनगरसृष्टिः प्रसिद्धा। ईश्वरस्य जगत्सृष्टिर्वेतालनगरदृष्टान्तेन प्रतिपाद्यते।।

अर्काद्यथाक्रमं विश्वं
तथा नैवेदमात्मनः।
सुप्तेरिव प्रादुरासी-
द्युगपत्स्वस्य वीक्षया।। (9)

क्रमसृष्टिवादं निराकृत्य युगपत्सृष्टिं प्रतिपादयति।

विश्वम् अर्कात् यथाक्रमं प्रादुरासीत् तथा न एव। इदम् आत्मनः स्वस्य वीक्षया सुप्तेः इव युगपत् प्रादुरासीत्।

विश्वं - जगत्, अर्कात् - सूर्यात्, यथाक्रमम् - पौर्वापर्यानुसारेण, प्रादुरासीत् इति क्रियापदं उत्तरवाक्यात् अपकर्षणीयम्। तथा न एव - वस्तुतत्त्वं तेन प्रकारेण नैव भवति। इदम् - तदिदं जगत् आत्मनः - सच्चिदानन्दस्वरूपाद् ब्रह्मणः सकाशात्, स्वस्य वीक्षया - स्वकीयया मायाप्रेरणरूपया वीक्षणक्रियया, सुप्तेः इव-अत्र सुप्तिपदेन सुषुप्तिदशा

गृह्यते। सुषुप्तौ जीवः किञ्चिदप्यजानन् स्वस्वरूपं सुखमवाप्तः जागरिते बाह्यवृत्त्या लोकोऽयं यथा यौगपद्येन अनुभूयते तथा. युगपत् प्रादुरासीत् - सृष्टिकाले यौगपद्येन आविर्भवति।

"तदैक्षत बहुस्यां प्रजायेय" इति श्रुतिः ब्रह्मण ईक्षया स्वस्मादेव नानात्वभावं यौगपद्येन संभूतमवगमयति।।

❖

धानादिव वटो यस्मात्
प्रादुरासीदिदं जगत्।
स ब्रह्मा स शिवो विष्णुः
स परः सर्व एव सः।। (10)

जगदुपादाननिमित्तोभयकारणस्य परमेश्वरस्य सर्वात्मकत्वं व्यवस्थापयति।

यस्मात् इदम् जगत् धानात् वटः इव प्रादुरासीत् सः ब्रह्मा भवति. सः शिवः भवति. सः विष्णुः भवति. सः परः भवति. सः सर्व एव भवति।

यस्मात्- धीयमानस्य प्रकृतिभूताद् यस्मात्, इदं जगत्-अयं प्रपञ्चः, धानात् - धीयते अस्मिन्निति धानं बीजमित्यर्थः -धानात्, वटः इव - यथा वटवृक्षः प्रादुर्भवति तथा, प्रादुरासीत् - आविरभवत्, सः ब्रह्मा भवति. सः शिवः भवति. (सः) विष्णुः भवति. सः परः भवति - निर्गुणतया सगुणान् ब्रह्मादीन् अतीत्य वर्तमानः परमात्मा भवति, सः सर्व एव भवति-अत्र एवकारो भिन्नक्रमः। स एव सर्वः बुध्यादिस्थावरान्तं

ब्रह्मादिपिपीलिकान्तं च सर्वं वस्तु तस्मादभिन्नमेव भवति। तद्भिन्नं न किञ्चिदस्तीति भावः।

"यतो वा इमानि भूतानि जायन्ते" इति प्रकृत्य "तद्ब्रह्म" इत्यन्तेन श्रुतिभागेन बोधितोऽर्थः श्लोकेनानेन सविशेषमनूद्यते।

अविद्यया ब्रह्मण्यध्यस्तस्य जगतो वास्तविकत्वं नास्ति। अध्यासस्य निवृत्तिर्यया भवति सैवात्मविद्या अध्यारोपदर्शनेऽस्मिन् मन्दाधिकारिणां प्रतिपत्तॄणामपि जगतो मिथ्यात्वं यथा सुगमं भवेत् तथा गुरुणा समुचितैर्दृष्टान्तैः विषयस्य प्रतिपादनं कृतमिति धन्याः स्मो वयम्। अनन्तरम् अवतार्यमाणे अपवाददर्शने सर्वोऽयमध्यासो निराकरिष्यते।

ओं तत् सत्।

इत्यध्यारोपदर्शनम्।

II

अपवाददर्शनम्

चैतन्यादागतं स्थूल-
सूक्ष्मात्मकमिदं जगत्।
अस्ति चेत्सद्घनं सर्वम्
नास्ति चेदस्ति चिद्घनम्।। (1)

अतीते अध्यारोपदर्शने जगतो ब्रह्मण्यध्यस्तत्वं यन्निरूपितं तस्य निरासः अपवाददर्शनेऽस्मिन्नुपपत्तिभिः क्रियते।

जगतः सत्त्वपक्षे असत्त्वपक्षे च वस्तुस्थितिः प्रतिज्ञायते।

चैतन्यात् आगतम् स्थूलसूक्ष्मात्मकम् इदम् जगत् अस्ति चेत् सर्वम् सद्घनम् भवति, नास्ति चेत् चिद्घनम् अस्ति।

चैतन्यात् - अत्र चैतन्यपदेन चिद्रूपं ब्रह्मैव गृह्यते। ब्रह्मणो हि जगत्कारणत्वं श्रुत्या बोधितम्। नित्यशुद्धबुद्धमुक्तस्वभावाद् ब्रह्मणः,

आगतं-प्रादुर्भूतत्वेन प्रस्तुतं, स्थूलसूक्ष्मात्मकम् - जागरिते अनुभूयमानं जगत् स्थूलम्। स्वप्नदशायामनुभूयमानन्तु सूक्ष्ममिति विवेको द्रष्टव्यः। इन्द्रियगोचरं स्थूलम्, इन्द्रियागोचरं सूक्ष्मम् इति विवेकोऽपि प्रकृते योजयितुं शक्यते। यद्यपि भानदर्शने स्थूलसूक्ष्मयोर्भानयोः जागरितस्वप्नदशयोः संभव उक्तः तथाऽपि कारणतुर्ययोरत्रावचनात् प्रकृते स्थूलसूक्ष्मयोः प्रकारान्तरेण योजनं करणीयमिति भावः।) एवं स्थूलात्मकं स्थूलस्वरूपं, सूक्ष्मात्मकं सूक्ष्मस्वरूपं चेत्युभयरूपम्। इदं जगत्-प्रतीयमानं तदिदं जगत्, अस्तिचेत्-यदि सत्तास्वरूपं स्यात्तर्हि, सर्वं सद्घनं बोद्धव्यम्। घटः सन्, पटः सन् इत्यादिकं सर्वं केवलसत्तारूपं भवतीत्यवगन्तव्यम्। तदिदं जगत् - नास्ति चेत् -यद्यारोपितसत्तारूपं संभाव्येत तर्हि, चिद्घनमस्ति - केवलचिद्रूपमवगन्तव्यम्।

सन् घटः, सन् पटः इत्यादिषु प्रस्तावेषु सत्त्वं न व्यभिचरति, घटपटादयो व्यभिचरन्ति। सर्वत्र सत्त्वं नियमेन वर्तते। घटे सति पटो नास्ति, पटे सति घटो नास्ति इति घटपटादीनां क्वचित्संभवः अन्यत्रासंभवः इत्येवंरूपमनियतत्वं स्पष्टमेव। अतः केवलसद्रूपं ब्रह्मैव जगति सत्त्वरूपतया प्रतीयते। नामरूपयोरनियतत्वेन वास्तविकं सत्त्वं नास्त्येव। अधिष्ठानस्य सत्तायाः पृथक्त्वेन आरोपितस्य सत्ता नास्त्येव। एवं जगतोऽस्तित्वं योजनीयं भवति।

घटपटादीनामवयवत्वेन विशकलने अवयवानाञ्च उत्तरोत्तरं अंशांशतया विशकलने अन्ततः यदवशिष्यते तत् केवलचिद्रूपं भवति। तदेव जगतश्चिद्घनत्वम्। उभयथापि सल्लक्षणं चिल्लक्षणं च यद्ब्रह्म तदेव वास्तविकं भवति।

अन्यन्न कारणात् कार्य-
मसदेतदतोऽखिलम्।
असतः कथमुत्पत्ति-
रनुत्पन्नस्य को लयः? (2)

कारणात् कार्यस्य भेदं निराकृत्य जगतः पारमार्थिकत्वं नास्तीति प्रतिपाद्यते।

कार्यं कारणात् अन्यत् न भवति। अतः एतत् अखिलम् असत् भवति। असतः कथम् उत्पत्तिः संभवति? अनुत्पन्नस्य कः लयः?

कार्यानिर्वर्त्यत्ववादे यदधिष्ठानं तस्य कारणत्वं, यदध्यस्तं तस्य कार्यत्वं च प्रस्तूयते। तन्मते अध्यस्तरूपं कार्यं, कारणात्-अधिष्ठानरूपात् कारणात्, अन्यत् न भवति - विभिन्नसत्ताकं न संपद्यते। अतः अस्माद्धेतोः, एतद् अखिलं - स्थूलतया सूक्ष्मतया च अनुभूयमानं तदिदं सर्वं जगत्, असद् भवति - आरोपितसत्ताकं भवति। असतः आरोपितसत्ताकस्य कस्यचित् (रज्जावारोपितस्य सर्पस्येव), कथमुत्पत्तिः संभवति? - असतः संभवो नास्ति इति येन सिद्धान्तितं तस्य मते केन वा प्रकारेण जन्मोपपद्यते? अनुत्पन्नस्य-अजातस्य (आरोपितस्य) सर्पादेर् जनिः न स्वीक्रियते। स्थितिस्तावत् जन्मलययोः मध्यगतः दशाविशेषः इति पक्षे आरोपितसर्पस्य स्थितिरपि नास्ति। कः लयः? लयो नैव युज्यत इत्यर्थः। (जातस्य कञ्चित् कालं स्थितस्यैव लयः संगतःस्यात्। अतथाविधस्य तु लयप्रस्तावोऽसंगत एव।)

आरोपितस्य जगतः उत्पत्तिस्थितिलयाः पारमार्थिकतया नैव संभवेयुः। रज्जावारोपितः सर्पः न आसीत्, नास्ति, नैव भविष्यति। इयं रज्जुः, नायं सर्पः, इति प्रबोधदशानुसारेण सर्पस्य त्रिष्वपि कालेषु सत्त्वाभावो निरूप्यते। तद्वत् "एकमेवाद्वितीयं ब्रह्म" इत्यद्वैतवादिनां मते ब्रह्मण्यारोपितस्य जगतः उत्पत्तिस्थितिलयाः निराक्रियन्ते इत्यवधेयम्।

——— ❖ ———

यस्योत्पत्तिर्लयो नास्ति
तत् परं ब्रह्म नेतरत्।
उत्पत्तिश्च लयोऽस्तीति
भ्रमत्यात्मनि मायया।। (3)

अधिष्ठानरूपस्य कारणस्य ब्रह्मणः सत्ता पारमार्थिकी भवति। ब्रह्म तावद् आत्मैव। आत्मनः उत्पत्तिलयौ मायारूपेण निमित्तेन प्रतीयमानौ विद्यया बाधितत्वात् भ्रान्तिरूपतां प्रतिपद्येते।

यस्य उत्पत्तिः नास्ति यस्य लयः नास्ति तत् परं ब्रह्म भवति। इतरत् न भवति। आत्मनि उत्पत्तिः अस्ति लयः च अस्ति इति मायया भ्रमति।

यस्य उत्पत्तिः नास्ति यस्य लयः नास्ति अधिष्ठानभूतस्य यस्य त्रिष्वपि कालेषु सतः उत्पत्तिलयौ नैव संभवतः तत् परं ब्रह्म भवति, इतरत् न भवति - उत्पत्तिलयरहितं सद्रूपं तद्वस्तु सत्यं ज्ञानमनन्तं ब्रह्मेति श्रुतिप्रोक्तं ब्रह्मैव भवति अज्ञानदशायां उत्पत्तिलययोः प्रतिभासात् ब्रह्माभिन्नं तत्र आरोपितं जगत् तथाविधं भवितुं नार्हति।

अत्मनि - अत्र आत्मपदेन पूर्वार्धनिर्दिष्टं ब्रह्मैव निर्दिश्यते। बृहत्त्वात् ब्रह्म, सर्वव्यापकत्वात् आत्मा। एवं आत्मभूते पारमार्थिके वस्तुनि देशकालाद्यपरिच्छिन्ने, उत्पत्तिः अस्ति - यदभूत्वा संभवति, तदुत्पद्यते इत्युच्यते। तादृश्युत्पत्तिः संभवति, लयः च अस्ति - न केवलमुत्पत्तिः परन्तु लयोऽपि संभवति; इति मायया भ्रमति - एवं मायारूपेण निमित्तेन अविद्यादशायां कश्चिद् विपर्ययरूपस्य अयथार्थानुभवस्य आश्रयो भवति।

"सत्यं ज्ञानमनन्तं ब्रह्म" इति श्रुतौ अनन्तपदेन उत्पत्तिलयरूपयोः द्वयोरपि सीम्नोः ब्रह्मण्यसंभवः प्रस्तूयते। "एकमेवाद्वितीयं ब्रह्म" इति श्रुतौ अद्वितीयपदेन ब्रह्मसकाशाद् व्यतिरिक्तस्य कस्यापि वस्तुनोऽभावश्च प्रस्तूयते। असतोपि जगतः सत्त्वेन उत्पत्तिलयवत्त्वेन च प्रतीतौ निमित्तेन केनापि भाव्यम्। तच्च निमित्तं माया भवति। माया च ब्रह्मगता शक्तिरेव। शक्तिशक्तिमतोः अभेदोऽपि सिद्धान्तितः। सत्त्वेन असत्त्वेन उभयरूपतया वा निर्वक्तुमशक्यत्वाद् अनिर्वचनीया भवति माया। मायानिमित्तकत्वात् जगदप्यनिर्वचनीयमेव। आत्मज्ञानेन निमित्तरूपमायासहितस्य कार्यरूपजगतो निवृत्तिर्भवति। सैवात्मनिष्ठा। आत्मनिष्ठैव मोक्षः।।

❖

कारणाव्यतिरिक्तत्वात्
कार्यस्य कथमस्तिता?।
भवत्यतः कारणस्य
कथमस्ति च नास्तिता?।। (4)

कारणाव्यतिरिक्तत्वात् कार्यस्य कथम् अस्तिता भवति? कारणस्य कथम् नास्तिता च अस्ति?

कारणाव्यतिरिक्तत्वात् - कारणात् व्यतिरिक्तं न भवति इति कारणाव्यतिरिक्तम्। कारणाव्यतिरिक्तस्य भावः कारणाव्यतिरिक्तत्वम्। तस्मात्, कार्यस्य - कार्यत्वेन प्रतीयमानस्य जगतः, कथम् अस्तिता भवति? -अस्तित्वं नैव भवतीत्यर्थः। कारणमेव सद् ब्रह्मरूपम्। कार्यत्वेन प्रतीयमानं जगद् वस्तुतः सन्न भवति। रज्जावारोपितः सर्पः असन् भवति। रज्जुरेव सा। अतः- अस्मात् कारणात् (कार्यत्वेन प्रतीयमानस्य जगतः ब्रह्मभिन्न-त्वाभावात्), कारणस्य - अधिष्ठानभूतस्य ब्रह्मणः, कथं नास्तिता च अस्ति - नास्तित्वमपि नैव भवतीत्यर्थः। ब्रह्मैव सत्। तत्र विवर्तरूपेण जगतोऽध्यासः। एवं स्थिते कार्यं नास्त्येव, कारणं न नश्यति च।

अनेन नैयायिकस्य कार्यकारणवादो निरस्तः। "कार्यनियतपूर्ववृत्ति कारणं, कार्यं प्रगभावप्रतियोगि" इति तेषां मतम्। कारणनाशे कार्यमुत्पद्यते। उत्पन्ने कार्ये कारणं नश्यति। इति ते मन्यन्ते। एकमेवाद्वितीयं ब्रह्म इति सिद्धान्तमाद्रियमाणानामद्वैतवेदान्तिनां शङ्कराचार्यभगवत्पादानुयायिनामस्माकं तादृशो भेदवादो न स्वीकार्यो भवति।

कार्यत्वादसतोऽस्यास्ति
कारणं नह्यतो जगत्।
ब्रह्मैव तर्हि सदस-
दिति मुह्यति मन्दधीः।। (5)

कार्यत्वात् असतः अस्य कारणम् अस्ति; अतः जगत् नहि। तर्हि सत् ब्रह्मैव; (तत्) असत् इति मन्दधीः मुह्यति।

सृष्टेः पूर्वमिदं जगत् सदेवासीदिति प्रथममेवोक्तम्। नामरूपात्मकमिदं जगत् तदा यतः कार्यमासीत् ततः तस्य असत्त्वं निश्चितं भवति। एवमसद्रूपस्य कार्यस्य जगतः संभवे किमपि कारणं पूर्वमेव नियतत्वेन सङ्कल्पनीयं भवति। अस्मात् कारणात् जगत् सृष्टेः पूर्वं नैवासीत्। तस्य च कारणं सद्रूपं ब्रह्मैवेति अभ्युपगन्तव्यम्। तच्च ब्रह्म स्वतः सद्रूपं नामरूपविवर्जितम्। नामरूपयुक्तमारोपितसत्त्ववत् जगद् वस्तुतः उत्पन्न सुखदुःखहेतुर्भवतीति यः गुरुशास्त्रसाहाय्यमलब्ध्वा स्वयमेव प्रत्यक्षादिप्रमाणेन परमाणुभ्यो वा धर्माधर्मरूपकर्मभ्यो वा भोग्यभोक्तृभोगात्मकं जगद्रूपं कार्यं पारमार्थिकतया अस्तीति मोहस्य (विचिन्ततायाः) - भ्रमस्य, विधेयो भवति। आदौ मध्ये अन्ते च त्रिषु कालेषु यत् सत् तदेव सत्। पूर्वमसत् मध्ये प्रतीयमानं अन्ततः चासत् तत् असदेव। सत् सदेव। असत् असदेव। यत् सत् तदसदिति, यदसत् तत् सदिति च यः सङ्कल्पयति तदधिष्ठानज्ञानाभावमूलकमेव। यथा रज्जौ भीरोः सर्पत्वधीः। तत्र पूर्वतः अन्ततश्च सर्पो नास्ति। मध्ये परं सर्पत्वधीः। तत्र सेयं रज्जुः नायं सर्प इति विवेकः तत्त्वदर्शनसाहाय्येन संपादनीयः। गुरुशास्त्रसाहाय्यं

यस्य नास्ति स तावत् सद्रूपं ब्रह्म नास्ति. असद्रूपं जगदस्ति. इति भ्रमवशेन अस्वस्थो भवति।

——— ❖ ———

एकस्यैवास्ति सत्ता चे-
दन्यस्याऽसौ क्व विद्यते?।
सत्यस्त्यात्माश्रयो यद्य-
प्यसति स्यादसंभवः।। (6)

एकस्य एव सत्ता अस्ति चेत्, अन्यस्य असौ (सत्ता) क्व विद्यते? (यदि अन्यस्मिन्) सति (सप्तम्येकवचनं) आत्माश्रयः दोषः अस्ति; यदि (अन्यस्मिन्) असति (सप्तम्येकवयनं) असंभवः स्यात्।

"एकमेवाद्वितीयं ब्रह्म" इति श्रुतिः प्रमाणम्। तथा सति द्वितीयस्य कस्यचिदस्तितता न युज्यते। यदि द्वितीयं संभवति तर्हि स्वस्य कारणं तस्य कार्यं च एकमेव इत्येवंरूपः आत्माश्रयो नाम दोष आपद्यते। असद्रूपं कार्यं यदा संभवेत् तदा लोके दृष्टान्तो नास्ति। अयमेव असंभवो नाम दोषः। विकल्प इति नामान्तरम्।"शब्दज्ञानानुपाती वस्तुशून्यो विकल्पः" (पातञ्जलयोगसूत्रम्) तद्यथा-

मृगतृष्णाम्भसि स्नातः
खपुष्पकृतशेखरः।
एष वन्ध्यासुतो याति
शशशृङ्गधनुर्धरः।।

——— ❖ ———

विभज्यावयवं सर्व-
मेकैकं तत्र दृश्यते।
चिन्मात्रमखिलं नान्य-
दिति मायाविदूरगम्।। (7)

अवयवं सर्वमेकैकं विभज्य तत्र अखिलं चिन्मात्रम् अन्यत् न दृश्यते इति मायाविदूरगम् भवति।

पारमार्थिकं वस्तु अखण्डं निरवयवं च भवति। तत्र अविद्यया जगदारोप्यते। तच्च जगत् पिपीलिकादिब्रह्मान्तं बुद्ध्यादिस्थावरान्तमारोपितसत्त्ववद् अधिष्ठानज्ञानेन स्वतो निरस्तं चिन्मात्रम् अपरोक्षानुभूतिविषयो भवति। तदिदं वस्तु ये मायया समाविष्टाः तेषामत्यन्तविदूरस्थितं भवेत्।

तद्यथा - पटस्य विभजने तन्तवो भवन्ति। कार्यस्य कारणादभेदे पटस्तन्तव एव। तन्तोर्विभजने शल्मलीफलान्तर्गतं मृदु श्वेतं तूलं वस्तु भवति। तन्तुस्तदभिन्नः। तच्च पुनर्विभक्तं भूततन्मात्रं भवति। एवं तस्यापि भूयो विभजने बोध एवावशिष्यते। कारणरहितं सर्वस्यापि कारणं च बोधरूपं वस्तु आत्मैव। इति कापि प्रक्रिया नारायणगुरुणा अद्वैतदीपिकादिषु स्वकृतिषु तत्त्वग्रहणसौकर्याय सुनिपुणं कल्पितोपलभ्यते। पद्यस्यास्य विवरणे सा प्रक्रिया अनुसन्धेया भवति।

चिदेव नान्यदाभाति
चितः परमतो नहि।
यच्च नाभाति तदस-
द्यदसत्तन्न भाति च।। (8)

चित् एव आभाति। अन्यत् न आभाति। अतः चितः परम् नहि। यत् च न आभाति तत् असत् भवति। यत् असत् तत् न भाति च।

चित् - चिती संज्ञाने। चेततीति चित्, एवकारो अवधारणे। अन्यत् - अचित्, न आभाति - न प्रकाशते। अतः - अस्मात् कारणात् (प्रथमपादोक्तया युक्त्या) चितः परम् - परमधिकदेशवृत्ति,नहि -नास्तीति प्रसिद्धम्। यत् न आभाति न प्रकाशते तत् असत् भवति - आरोपितसत्त्ववत् परमार्थतोऽविद्यमानं भवति। यत् असत् कालत्रये विद्यमानत्वरहितं, तत् न भाति च - न प्रकाशते च।

आत्मनः स्वरूपलक्षणं चिदिति। तच्च संज्ञानं,

"न तत्र सूर्यो भाति न चन्द्रतारकम्
नेमा विद्युतो भान्ति कुतोऽयमग्निः।
तमेव भान्तमनुभाति सर्वं
तस्य भासा सर्वमिदं विभाति।।"

सत्, चित्, आनन्दः - तदिदं ब्रह्मणः स्वरूपलक्षणम्।

आनन्द एवास्ति *भाति*
नान्यः कश्चिदतोऽखिलम्।
आनन्दघनमन्यन्न
विनाऽऽनन्देन विद्यते।। (9)

आनन्दः एव अस्ति। आनन्दः एव भाति। अन्यः कश्चित् न भाति। अतः अखिलम् आनन्दघनम् भवति। आनन्देन विना अन्यत् न विद्यते।

अस्ति (अव्ययं-सत्तेत्यर्थः), भाति (अव्ययं-भानमित्यर्थः), प्रियं (अव्ययं-आनन्द इत्यर्थः), एतत् त्रिकं ब्रह्मणः स्वरूपलक्षणम्। आनन्दः एव (एवकारः अवधारणार्थे। लोके द्वन्द्वमस्ति। यथा सुखदुःखे, भावाभावौ, शीतोष्णं) आनन्दः एव, तस्य अद्वितीयत्वाद् दुःखस्य व्यावृत्तिः। आनन्दः एव अस्ति। आनन्दः एव भाति। (भानम् = ज्ञानम् = चित्), आनन्दः एव चेतति। आनन्दादन्यः कश्चित् नास्ति; न भाति। अस्मात् कारणात् अखिलं (खिलम्=अप्रहतम्। अखिलम्=सर्वं - भूतं भवद् भव्यं च। ज्ञानं ज्ञायमानं ज्ञेयं च) आनन्दघनं भवति। घनशब्देन नैरन्तर्यमुच्यते। पूर्णतया सुवर्णस्य विकारः सुवर्णघनमित्युच्यते। सद्घनं चिद्घनं आनन्दघनं इति ब्रह्म व्यपदिश्यते। अन्यत् - ब्रह्मणो भिन्नम्, आनन्देन विना, आनन्दवर्जितम् यत्किमपि वस्तु, न विद्यते - नास्ति। लोके आनन्दशब्दः पुंस्येव। श्रुतौ क्लीबेऽपि दृश्यते।

सर्वं हि सच्चिदानन्दं
नेह नानास्ति किञ्चन।
यः पश्यतीह नानेव
मृत्योर्मृत्युं स गच्छति।। (10)

हि सर्वं सच्चिदानन्दम्। इह किञ्चन नाना न अस्ति। इह यः नाना इव पश्यति सः मृत्योः मृत्युं गच्छति।

"सत्यं ज्ञानमनन्तं ब्रह्म", "आनन्दं ब्रह्म" इत्यादिभिः श्रुतिभिः प्रोक्तत्वात् सर्वं सद्रूपं चिद्रूपं आनन्दरूपं भवति। सच्चिदानन्दमिति नपुंसकप्रयोग आर्षः। त्रीण्यपि पदानि व्यस्तानि समासो नैव स्यात्। सर्वं सत् सर्वञ्चित् सर्वमानन्दम् इति योजना। सर्वं खल्विदं ब्रह्म। दृश्यमानं परोक्षं, अपरोक्षं तत्सर्वं सच्चिदानन्दरूपं भवति। स्वरूपलक्षणमिदं प्रौढप्रकाशश्चन्द्रमा इतिवत्। अद्वितीयत्वाद् ब्रह्मणो व्यावर्तकं लक्षणं नास्ति। व्यावर्तकम् इतरभेदानुमितिजनकम्। द्वितीयपादः श्रुतेरनुवादः। नाना इत्यव्ययम् वर्जनार्थकम्। यत्र वस्त्वनेकं भवति तत्र एकस्माद् व्यतिरिक्तं भवत्यन्यत्। सर्वमेकमद्वितीयं भवति। अस्मिन् लोके य एकस्माद् व्यतिरिक्तं वस्तु तस्माद् व्यतिरिक्तं पूर्वम् - इत्येवं रीत्या जानाति तदनुसारेण चाचरति स मृत्योर्मृत्युं गच्छति - तादृशः अज्ञः (आरोपितज्ञानत्ववान्) म्रियते, पुनरपि जायते, पुनरपि म्रियते, एवं संसारी भवति।

ओं तत् सत्।

इत्यपवाददर्शनम्।

III

असत्यदर्शनम्

दर्शनमालाया इदं पुष्पं तृतीयं भवति। न सत्यम् असत्यम् इति विग्रहः। सत्यं न भवतीत्यर्थः। रज्जावारोपितः सर्पः सत्यो न भवति। ब्रह्मण्यध्यस्तं जगत् सत्यं न भवति। यत् पारमार्थिकं सत्यं तत् कालत्रयातीतं भवति। कदाचित् सत् पूर्वं वा परं वा असत् तदसत्यं भवति। सत् (ब्रह्म) यत् प्रापयति तत्सत्यं भवति। "सत्यं ज्ञानमनन्तं ब्रह्म", "आनन्दं ब्रह्मेति व्यजानात्" - इत्यादि श्रुतयः सत्यं वेदयन्ति। असत्यमधिकृत्य गुरोर् नारायणस्य वीक्षणरीतिः प्रकरणेऽस्मिन् साक्षात्कर्तुं शक्यते।

मनोमयमिदं सर्वं
न मनः क्वापि विद्यते।
अतो व्योम्नीव नीलादि
दृश्यते जगदात्मनि।। (1)

सर्वम् इदम् मनोमयं भवति। मनः क्वापि (अव्ययसमुदायः) न विद्यते। अतः आत्मनि जगत् व्योम्नि नीलादि इव दृश्यते।

सर्वम् - एकवचनेन अनुद्भूतावयवं वस्तु गृह्यते। सकलमित्यर्थः। इदम् - इत्यनेन बुध्यादि स्थावरान्तं पिपीलिकादिब्रह्मान्तं जगद् दृश्यस्वभावं गृह्यते। दृश्यत्वेन प्रतीयमानं सर्वं, मनोमयम् - मनसो विकारः (विकारार्थे मयट्) भवति। मनसो वृत्तिः सङ्कल्पः। यदा सङ्कल्पयति तदैव मनस्त्वम्। सङ्कल्पो जगद्रूपेण परिणमति। यदा मनो वासनानाशेन सङ्कल्पमुक्तं भवति तदा दृष्टपूर्वं जगत् स्वयं तिरोधत्ते।

निस्सङ्कल्पं मन आत्मनि लीयते रज्ज्वां सर्प इव। अमनीभावो मोक्षः। मनः कुत्रापि स्थिरतया न वर्तते। विकल्पानामानन्त्यान्मनसः स्वास्थ्यं नास्ति। विकल्पो नाम शशविषाणादिरूपः। एवं मनसश्चञ्चलत्वं द्योतितं भवति। तस्य च निरोधः अभ्यासेन वैराग्येण च साध्य इति भागवतं मतम्। अस्मात् कारणात् (दृश्यस्य मनोमयत्वात् मनसश्च चञ्चलत्वात्) आत्मनि (सच्चिदानन्दस्वरूपे परमार्थे वस्तुनि - ब्रह्मणि), व्योम्नि - आकाशे (आकाशं नीरूपं भवति।) नीलादि -नीलः (नीलवर्णः) गुणवाची शब्दः पुंस्येव। "गुणे शुक्लादयः पुंसि, गुणिलिङ्गास्तु तद्वति" (अमरकोशः)। उदाः - नीलः पटः, नीला शाटी, नीलं वस्त्रम्। वर्णस्तु

नीलः। नीलः आदिः यस्य सः नीलादिः। मूले 'नीलादि' इति नपुंसकप्रयोगश्चिन्त्यः।'नीलादिर्दृश्यते' इति पठनीयम्। आकाशे नीलवर्णः शुभ्रवर्णो रक्तवर्णो वा कालभेदेन मेघादियोगवियोगादिना दृश्यमानोऽपि वस्तुत आकाशगतो नैव निश्चीयते। आकाशं परमार्थतो रूपरहितमेव। तद्वदात्मनि सङ्कल्पात्मकं मनो नास्ति। अथापि तादृशज्ञानलब्धेः पूर्वम् 'अहं सङ्कल्पयामि', 'अहं शृणोमि', 'अहं गच्छामि', 'अहं भोक्ता', 'अहं कर्ता' इत्यादीनां भ्रमाणामास्पदं भवति। आत्मनि यदा त्रिपुटीरहितं ज्ञानं जायते तदैव सर्वः स्वरूपं प्रति बुद्धो भवति।।

मनसोऽनन्यया सर्वं
कल्प्यतेऽविद्यया जगत्।
विद्ययाऽसौ लयं याति
तदालेख्यमिवाखिलम्।। (2)

मनसः (पञ्चम्येकवचनम्) अनन्यया अविद्यया जगत् सर्वम् कल्प्यते। असौ (अविद्या) विद्यया लयं याति। तत् (तस्मात्कारणात्) अखिलम् आलेख्यमिव भवति।

मनसः - यत् सङ्कल्परूपां वृत्तिं भजते तस्मान्मनसः, अनन्यया - अन्या न भवतीत्यनन्या (अभिन्नेत्यर्थः), तथाविधया अविद्यया - आरोपिता विद्या अविद्या-आरोपितविद्यात्ववती तया कर्त्र्या, सर्वमिदं - जगत् सर्वम् अतिशयेन चरत्वात् चराचरं दृश्यमानं सकलं, कल्प्यते - वस्तुतोऽसदपि विद्यमानमिव निरूप्यते। असौ - असत्यस्य जगतः

सत्यत्वेन प्रकल्पने हेतुभूता अविद्या. विद्यया लयं याति -अधिष्ठानज्ञानेन रज्जौ सर्प इव तदात्मतां प्रतिपद्यते। तत् -दृश्यमानस्य सर्वस्य दृशोऽभिन्नत्वात्. प्रतीयमानस्य सर्वस्य वास्ताविक्या रज्जोर्भेदाभावात्, अखिलम् - अज्ञानदशायां प्रतीयमानमिदं सर्वम्. आलेख्यमिव - आलिखितुं योग्यं आलेख्यं तदिदं पदं समर्थेन शिल्पिना सर्वाङ्गीणतया विरचितं चित्रमित्यर्थे प्रयुक्तं द्रष्टव्यम्। शुक्ले पटे विविधवर्णयुक्तैः पदार्थैः समर्थतया योजितं तुरागादीनां चित्रं यथा सत्यतुरगादिभ्यो व्यतिरिक्तमसद्रूपं विवेकिना परिगृह्यते तथा जगदिदम् असत्यरूपं विभाव्य सत्यसाक्षात्कारे प्रयत्नो विधेयः -इत्यनुशासनम्।

विजृम्भते यत्तमसो
भीरोरिह पिशाचवत्।
तदिदं जाग्रता स्वप्न-
लोकवद् दृश्यते बुधैः।। (3)

यत् इह भीरोः तमसः पिशाचवत् विजृम्भते तदिदम् जाग्रता स्वप्नलोकवत् बुधैः दृश्यते।

यो मरणात् स्वभावेन बिभेति तस्य तमसा हेतुना पिशाचप्रतीतिर्जायमाना दिवाकरे समुदिते प्रदीपे वा प्रज्वालिते निरस्यते। तद्वत् निद्रायाः प्रबुद्धेन केनचित् स्वेन स्वप्नदशायामनुभूतः प्रपञ्चोऽयथार्थतया यथा निश्चीयते तथा अज्ञानदशायाम् इन्द्रियमनोबुद्धीनां विषयतया प्रतीतं जगच्छास्त्रेण गुरुवचनेन च अद्वितीयात्मतत्त्वं साक्षात्कृतवद्भिर्विद्वद्भिः असत्यं (अपारमार्थिकम्) वीक्ष्यते। मूले पिशाचवत् इति पूर्वार्धे,

स्वप्नलोकवत् इति उत्तरार्धे च उपमानद्वयमुपात्तम्। अध्याहारेणैव तत्समर्थनं कर्तुं शक्यते। तमःपदमन्धकारस्य अज्ञानस्य च वाचकत्वेन योजनीयम्। अज्ञानेन (आरोपितेन ज्ञानेन) हि जगतः प्रतीतिः। अधिष्ठानभूतं ब्रह्म येन विज्ञायते तस्मिन् लब्धे रज्ज्वामारोपितः सर्प इव जगत्तिरोधत्ते। भीरोरिति पदं शरीरमेवात्मानं मन्यमानस्य अबुधस्यापि निर्देशकं भवति। पिशाचप्रतीतेर्निमित्तं भीरोर्विषये अन्धकारो भवति। स्वप्नलोकप्रतीतेर्निमित्तं निद्रैव भवति। यदा प्रबुध्यते तदा स्वात्मैवावशिष्यते। बुधस्य जगद्विषयकं दर्शनं यादृशमिति पद्येऽस्मिन् गुरुणा विशदीक्रियते। अन्धकारे भीरोः पिशाचप्रतीतिः प्रकाशेन निरस्यते। सुप्तस्य प्रतीयमानः स्वप्नलोको निद्राक्षये विनश्यति। उपमानद्वयेनाऽनेन अज्ञस्य जगत्प्रतीतिः विद्यया प्रबोधं प्राप्तवतस्तस्यैव अयथार्थतया निश्चयसंभवाद्वास्तविकमसत्यत्वं प्रत्याययति।

——— ❖ ———

सङ्कल्पकल्पितं दृश्यम्
सङ्कल्पो यत्र विद्यते।
दृश्यं तत्र न चान्यत्र
कुत्रचिद्रज्जुसर्पवत्।। (4)

दृश्यं सङ्कल्पकल्पितं भवति। यत्र सङ्कल्पः विद्यते तत्र दृश्यं प्रतीयते। अन्यत्र कुत्रचित् न च दृश्यते। (यत्र सङ्कल्पः न विद्यते तत्र दृश्यं न प्रतीयते।) इदं रज्जुसर्पवत् भवति।

रज्जौ अयं सर्प इति प्रतीतिः पर्याप्तप्रकाशाभावे

पूर्वानुभवजनितसर्पभययुक्तस्य भवति। प्रकाशस्य दर्शनसहकारिकारणस्य सत्त्वे "रज्जुरियं नायं सर्पः" इति विवेकः संपद्यते। सर्पभ्रान्तिजन्यं भयं च निवर्तते। एवं प्रकृते रज्जुसर्पदृष्टान्तः जगतोऽसत्यत्वदर्शने योजनीयः।

मनसो वृत्तिः सङ्कल्पः। वासनायां सत्यां मनः सङ्कल्परूपां वृत्तिं भजते। वासना च पूर्वानुभवजन्यः संस्कारविशेषः। यत्र यत्र सङ्कल्पो भवति तत्र तत्र श्रोत्रादीनां विषयभूतस्य शब्दादेः प्रियत्वेनाप्रियत्वेन वा प्रतीतिर्जायते। प्रियत्वभावनायां तस्मिन् प्रवर्तते, अप्रियत्वभावनायां ततो निवर्तते। "सर्वं खल्विदं ब्रह्म", "सत्यं ज्ञानमनन्तं ब्रह्म", "आनन्दो ब्रह्म" इति शास्त्रेण तद्बोधकेन गुरूपदेशेन तत्त्वं श्रुतवतः तदनुकूलयुक्तिप्रयोजितेन मननेन संप्रतिपत्तौ जातायां तत्त्वसाक्षात्कारे इच्छा तीव्रा भवति। तदेव निदिध्यासनं भवति। ततः सर्वं सच्चिदानन्दं स्वात्मस्वरूपं प्रतिपद्य साधकस्तदेव ब्रह्म संपद्यते।

सङ्कल्पे सर्वथा निरुद्धे योगः सिद्धो भवति। योगेन चित्तस्य मलमपाकृतं भवति। निर्वासनं चित्तं निस्सङ्कल्पं वृत्तिरहितं आत्मना योगं प्राप्य तत्र आत्यन्तिकतया लीयते। एवं दृश्यस्य सर्वस्य पारमार्थिकसत्यत्वं नास्तीति सुदृढतया ज्ञातवतः जगतो मिथ्यात्वं सुबोधं भवति। अत्र रज्जुसर्पदृष्टान्तः विवर्तप्रक्रियया योजनीयः। गुरुकार्येण पथा गच्छतः कस्यचित् मन्दीभूतप्रकाशयुक्ते क्वचित् स्थाने रज्जौ सर्पोऽयमिति भ्रान्तिर्जायेत। सोऽपि केनापि प्रकारेण सर्पभयं समावहति। तस्य सङ्कल्पेन रज्जौ सर्पः प्रतीयते। पुरतो गन्तुमशक्तः तत्रैव तिष्ठति। "सेयं रज्जुः नायं सर्पः" इत्याप्तोपदेशेन प्रदीपादिप्रसृतप्रकाशसंगत्या वा

अधिष्ठानभूतायाः रज्जोः ज्ञानेन आरोपितः सर्पः असत्यत्वेन निश्चीयते। अनेन दृष्टान्तेन जननादि नाशान्तविकारयुक्तस्य जगतः अधिष्ठानज्ञानेनैव निवृत्तिः संपद्येतेति आचार्येण बोध्यते।।

——— ❖ ———

सङ्कल्पमनसोः कश्चि-
न्नहि भेदोऽस्ति यन्मनः।
तदविद्यातमःप्रख्य-
मिन्द्रजालमिवाद्भुतम्।। (5)

सङ्कल्पमनसोः भेदः कश्चित् नास्ति हि। यत् मनः तत् अविद्यातमःप्रख्यम् इन्द्रजालमिव अद्भुतम् भवति।

सङ्कल्पस्य मनसश्च न कोऽपि भेद उपपद्यते। सङ्कल्पः मनसो वृत्तिर्भवति। मनः सङ्कल्परूपवृत्तिमद् भवति। वृत्तौ सत्यामेव वृत्तिमतः संभवः। वृत्तिमति सत्येव वृत्तेः संभवः। वृत्तिवृत्तिमतोरभेदः सकलतन्त्रप्रसिद्धः।

यन्मन इत्युच्यते तद् अविद्यारूपस्य तमसः कार्यत्वेन शास्त्रे प्रकथितं भवति। तदिदमिन्द्रजालेन तुल्यं भवति। अतश्च सर्वमद्भुतमेव। अद्भुतमित्यस्य अभूतपूर्वमिति निर्वचनं यास्केन दर्शितम्। यत्र कार्यकारणभावः संगमयितुं शक्यते तस्य संभवः स्वाभाविकः। मृत् घटस्य कारणं भवति। सा च मृत् संस्करणेन कपालनिर्मितौ उपयुज्यते। कपालद्वयसंयोगः घटंप्रति असमवायिकारणम्। कुलालः, दण्डः, चक्रम् इत्यादीनि निमित्तकारणानि। कारणैः समुदितैर्कार्यमुत्पद्यते। भूतकाले वर्तमानकाले भाविनि च काले घटस्य संभवः एतादृश एव। इन्द्रजालं नाम

मायाभेदः। ऐन्द्रजालिकः केनचिद् वस्त्रखण्डेन तथाविधेन अन्येन वा तत्तद् वस्तु निर्माय द्रष्ट्रॄन् विस्मयाविष्टान् करोति। अविद्या आरोपितविद्यात्ववती। मायेति सैव व्यवह्रियते। तस्य अनिर्वचनीयत्वम् अद्वैतवेदान्तिभिः प्रतिपादितम्। अविद्यायाः समष्टिव्यष्टिभेदेन द्वैविध्यमस्ति। तयोर्व्यष्टिः जीवगता अज्ञानापरपर्यायाया। विद्यया अविद्यायाः निवृत्तिर्भवति। अधिष्ठानज्ञानेन आरोपः असन्निति निश्चीयते। अविद्याकार्यं मनः। कार्यकारणयोरभेदेन मनः अविद्यैव। तमः अथवा अज्ञानं व्यष्टिरूपं समष्टिरूपायामविद्यायां अन्तर्भवति। वस्तुतः सामान्यविशेषयोर्भेदो नास्ति। ब्रह्मणः शक्तित्वेन समुद्भाविता माया। अविद्यारूपिणी आवरणविक्षेपरूपशक्तिभ्यां सर्वं सृष्ट्यादि कार्यं निर्वर्तयति। मायाया विद्याऽविद्यारूपिण्याः कारणभूतायाः कार्येण सह यदा निवृत्तिर्भवति तदा सर्वोऽपि स्वस्वरूपे प्रतिष्ठितो भवति। तावत्पर्यन्तं सर्वाणि शास्त्राणि वेदान्तशास्त्रशेखराणि तत्त्वप्रकथनव्याख्याने प्रायेण अद्भुतमेव जनयन्ति।।

❖

मरीचिकावत् प्राज्ञस्य
जगदात्मनि भासते।
बालस्य सत्यमिति च
प्रतिबिम्बमिव भ्रमात्।। (6)

प्राज्ञस्य जगत् आत्मनि मरीचिकावत् भासते। बालस्य (तु) जगत् भ्रमात् प्रतिबिम्बम् इव सत्यमिति च भासते।

मरौ (निर्जलप्रदेशे) आतपः वायुना तरङ्गित जलमिव यत्

प्रतीयते तस्य मिथ्यात्वं विवेकिना निश्चीयते। निर्जलप्रदेशे प्रतीयमानं जलं सत्यं भवितुं नार्हति। नेदं जलम्, आतप एव जलत्वेन प्रतीयते। अनेन प्रकारेण"आत्मैवेदं सर्वम्" "नेह नानास्ति किञ्चन" इति श्रवणेन मननेन निदिध्यासितेन च अद्वितीयमात्मानं साक्षात्कृतवान् खलु प्राज्ञः। स्वात्मनि विक्षेपदशायां प्रतीयमानं जगत् मिथ्येति निश्चिन्वानस्य तस्य भावभेदेषु मनसश्चाञ्चल्यं नैव संपद्येत। इदमेव प्राज्ञस्य जगद्विषयकमसत्यदर्शनम्।

बालः दर्पणादौ स्वकीयं प्रतिबिम्बं दृष्ट्वा तम् आत्मानमिव कमपि बालं मन्यमानः आत्मना सह क्रीडायै तम् आह्वयेत्। तत्र कारणं भ्रमः खलु। यथा बालस्य भ्रमवशात् प्रतिबिम्बं सत्यतया प्रकल्प्यते तथा गुरुशास्त्रवाक्यतः पारमार्थिकं तत्त्वं ज्ञातुं भागधेयं यस्य नाऽफलिष्यत् तस्य जगत् सत्यत्वेन प्रतीयमानं तत्तद्विकारैः मनसः स्वास्थ्यं बाधमानमभविष्यत्। ब्रह्मसत्यं जगन्मिथ्येति दर्शनं अद्वैतिन एव, न त्वन्यस्य। अद्वैतदर्शनादेव नैष्कर्म्यसिद्धिः।।

आत्मा न क्षीरवद्याति
रूपान्तरमतोऽखिलम्।
विवर्तमिन्द्रजालेन
विद्यते निर्मितं यथा।। (7)

आत्मा क्षीरवत् रूपान्तरम् न याति। अतः अखिलम् इन्द्रजालेन निर्मितम् यथा विवर्तम् विद्यते।

क्षीरं दधित्वेन परिणामं प्राप्नोति। क्षीरस्य परिणामो दधि। परिणामवादः सांख्यदर्शने स्वीकृतः। तत्र प्रकृतिः पुरुषश्चेति द्वे तत्त्वे। प्रकृतिरथवा मूलप्रकृतिः न कस्यापि विकृतिः। प्रकृतेर्महत्तत्त्वं परिणामेन उत्पद्यते। महत्तत्त्वादहंतत्त्वम्। अहंतत्त्वाद् एकादशेन्द्रियाणि, शब्दादयः पञ्चतन्मात्राश्चेति षोडशतत्त्वान्युत्पद्यन्ते। पञ्चभ्यस्तन्मात्राभ्यः आकाशादीनि पञ्चभूतानि समुत्पद्यन्ते। एवमाहत्य चतुर्विंशतिस्तत्त्वानि। पुरुषः पञ्चविंशं तत्त्वम्। पुरुषस्य प्रकृतिर्नास्ति, विकृतिरपि नास्ति। यथा क्षीरं दधित्वेन परिणामं प्राप्नोति तथा आत्मनः परिणामेन जगदुत्पन्न मिति अद्वैतिभिर्नाभ्युपगम्यते। यस्य विकारो भवति तदनित्यं स्यात्। आत्मा तावन्नित्यो निर्विकारश्च। आत्मनः सजातीयविजातीयस्वगतभेदो नास्ति। अतो जगदात्मनः परिणामेन जातमिति वक्तुं न शक्यते।

कथं वा प्रतीयमानस्य जगतः संभव इति प्रश्नं समाधातुमद्वैती विवर्तवादं परिगृह्णाति। स्वरूपनाशेन विना यत्र कस्यचित् प्रतीतिः संभवति, ततः पूर्वं वा परं वा यस्य प्रतीतिर्नास्ति तत्र विवर्तः स्वीकार्यो भवति। तद्यथा रज्जौ सर्पः। अधिष्ठानभूतायाः रज्जोरज्ञानात् तत्र भीरोः कस्यचित् प्रतीयमानः सर्पः विवर्तस्योदाहरणं भवति। तद्वदात्मनि प्रतीयमानं जगत्ततो विवर्तमिति परिकल्प्यते। अधिष्ठानस्य आत्मनो ज्ञानेन च जगन्निवर्तते।

विवर्तविषये ऐन्द्रजालिकेन स्वशक्त्या निमाय प्रदर्शिताः पदार्था अप्युदाहरणतां प्रतिपद्यन्ते। इन्द्रजालं नाम मायाविशेषः। इन्द्रजालेन करणेन भावितं वस्तु पारमार्थिकं न भवति। असत्यमेव तत्।

सर्वोप्यात्मा ब्रह्मैव। ब्रह्मणः शक्तिर्माया। मायाकार्यमेव जगत्। अधिष्ठानभूतस्य आत्मनो ज्ञानेन कार्यरूपजगत्सहितायाः मायायाः निवृत्तिर्भवति।

पद्ये तृतीयस्मिन् पादे विवर्तमित्यस्य स्थाने विवृत्तमिति पठनीयम्।

❖

मायैव जगतामादि-
कारणं निर्मितं तया।
सर्वं हि मायिनो नान्य-
दसत्यं सिद्धिजालवत्।। (8)

जगताम् आदिकारणम् माया एव। तया निर्मितम् सर्वम् मायिनः अन्यत् न भवति हि। अतः जगत् सिद्धिजालवत् असत्यम् भवति।

पुनः पुनः गच्छति, भृशं गच्छतीत्यर्थे जगदिति पदं निष्पन्नम्। यत् जायते, अस्ति, वर्धते, विपरिणमते, अपक्षीयते, नश्यति इति षड्विकारान् पौनःपुन्येव आधिक्येन वा प्राप्नोति तदेव जगदित्युच्यते। बुध्यादि स्थावरान्तं सर्वं जगदित्युच्यते। तादृशानां वस्तूनां बहुत्वात् जगन्तीति बहुवचनं युज्यते। जगत्त्वेन व्यवह्रियमाणानां सर्वेषां यदादिमं कारणं यस्य च कारणं नास्ति तदादिकारणं भवति। "निदानं त्वादिकारणम्" इत्यमरः। घटशरावादीनामादिकारणं मृद्भवति। कवचकुण्डलानामादिकारणं सुवर्णं भवति। एवं दृश्यत्वेन प्रतीयमानानां सर्वेषामादिकारणं किमित्याकाङ्क्षायां मायैव तत्त्वेन प्रोच्यते। सत्त्वेन असत्त्वेन तदुभयत्वेन वा निर्वक्तुमशक्येति मायाया

अनिर्वचनीयत्वमद्वैतवेदान्तिभिरास्थीयते। अनिर्वचनीयलक्षणया मायया ब्रह्मणः शक्त्या सृष्टं तदिदं सर्वं मायायाः नियामकत्वेन निश्चिताद् ब्रह्मणो व्यतिरिक्तं भवितुं नार्हतीति शास्त्रप्रसिद्धम् भवति। मायावता ब्रह्मणा ईक्षणक्रियया समुदिता सा माया, तया च मायया कर्त्र्या सृष्टं भवति जगत्। यो मायी तस्मान्मायाया भेदो नास्ति। शक्तिशक्तिमतोरभेदः। अग्नेः तद्गतायाः दाहकत्वशक्तेश्च भेदो नास्ति। शक्त्या सृष्टस्य जगतः शक्तेः सकाशाद् भेदो नास्ति। एवं सर्वस्य सृष्टिजालस्य मायाप्रेरकाद् ब्रह्मणः भेदाभावः अद्वैतदर्शने सुप्रसिद्धः। एवं च जगतः स्वेन रूपेण सत्यत्वं निरस्तम्। नामरूपरहिते ब्रह्मणि यथा नामरूपे आरोपिते भवतः तथा जगतः प्रतीतिः। घटशरावादौ नामरूपे यथा निराक्रियेते तथा मृत्तिकायाः सत्यत्वं प्रस्पष्टीभवति। कार्यस्य जगतः या कारणभूता माया तस्या इव अनिर्वचनीयत्वं अभ्युपगन्तव्यम्। असत्यं नाम आरोपितसत्यत्ववत्। एवं "ब्रह्मसत्यं जगन्मिथ्या" इति वचनं व्याख्यातं भवति। योगेन सिद्धाः विभूतयः सिद्धिपदेन व्यवह्रियन्ते। अणिमादिभिः सिद्धिभिः प्रकटीक्रियमाणमपि सिद्धित्वेन व्यपदिश्यते। सिद्धीनां जालं सिद्धिजालम्। योगी स्ववशगैः सिद्धिविशिषैः यान् पदार्थान् सृजति ते तावत् पारमार्थिकं सत्यत्वं न आवहन्ति। आद्यन्तवन्तस्ते पदार्थाः असत्यभूता एव।

पूर्वस्मिन् पद्ये इन्द्रजालदृष्टान्तेन जगतोऽसत्यत्वं दर्शितम्। अस्मिन् पद्ये तत्स्थाने योगिनो विभूतिं तत्कृतवस्तूनि च यथायोगं प्रदर्श्यन्ते।।

❖

विभाति विश्वं वृद्धस्य
वियद्वनमिवात्मनि।
असत्यं पुत्रिकारूपं
बालस्यैव विपर्ययः।। (9)

विश्वं वृद्धस्य आत्मनि वियद्वनम् इव असत्यम् विभाति। पुत्रिकारूपं बालस्य एव विपर्ययो भवति।

अत्र वृद्धपदेन स्थविरो न गृह्यते। "सर्वं खल्विदं ब्रह्म" इति शास्त्रेण तदनुसारिणा गुरूपदेशेन बोधितं तत्त्वं मननेन निदिध्यासनेन च अपरोक्षानुभूतिं लब्धवान् भवत्यत्र वृद्धः। तस्य विक्षेपदशायां श्रोत्रादीनां इन्द्रियाणां विषयभूतं नानाप्रकारं वस्तुजालम्, आत्मनि (स्वस्मिन्) अनाद्यविद्यया आरोपितम् अत एव असत्यं प्रतिभाति। वियति (आकाशे) रूपादिरहिते वनत्वेन यत् प्रतीयते तद्यथा असत्यमिति निश्चेतुं सर्वोपि प्रभवति। तथा नामरूपरहिते आत्मनि प्रतीयमानं जगत् अविद्याकार्यमिति विद्वान् अवधारयति। उत्पत्त्यादि विकारयुक्तं जगत् तत्त्वविदस्तस्य स्वास्थ्यं चालयितुं नैव प्रभवति।

मृदा दारुणा वा निर्मिता प्रतिमा पुत्रिकेत्युच्यते। पुत्रिकायाः रूपं पुत्रिकारूपम्। बालपदेन चेतनाचेतनविवेकरहितः शिशुर्गृह्यते। स तावत् पुत्रिकारूपम् अचेतनमपि चेतनमेव मन्वानः स्वेन सह क्रीडायै प्रेरयति तस्य तोषणाय बहुविधां परिचर्यां च करोतीति प्रसिद्धम्। तदभाववति तत्प्रकारकोऽनुभवः विपर्ययः। सोऽयं भ्रम एव। नित्ये अनित्यत्वम्, अनित्ये नित्यत्वम्, सत्ये असत्यत्वम्, असत्ये सत्यत्वम्

इत्यादिरूपेण विपर्ययो बहुधा वर्णितः। पुत्रिकारूपं विपर्ययः इति प्रयोगे विपर्ययेण गृह्यमाणम् इत्यध्याहारः कर्तव्यः। अत्रापि विभातीति क्रियापदं योजनीयम्। असत्यस्यापि सत्यत्वेन प्रतीतौ दृष्टान्ततया बालस्य पुत्रिकारूपे वस्तुतोऽचेतने चेतनत्वेन ग्रहणं तदनुसारिणी चेष्टा च निर्दिश्यते।।

एकं सत्यं न द्वितीय-
मसत्यं भाति सत्यवत्।
शिलैव शिवलिङ्गं न
द्वितीयं शिल्पिना कृतम्।। (10)

एकं सत्यं भवति। द्वितीयं नास्ति। असत्यं सत्यवत् भाति। शिवलिङ्गम् शिला एव भवति। तत् शिल्पिना कृतम् द्वितीयम् न भवति।

"एकमेवाद्वितीयं ब्रह्म" इति श्रुत्या सजातीय विजातीयस्वगतभेदशून्यं ब्रह्म प्रतिपाद्यते। अतः सत्यत्वं एकस्यैवेति सिद्धान्तः वेदान्तशास्त्रे तत्र तत्र सप्रमाणं प्रतिपाद्यते। एकस्यैव सत्यत्वे ततो द्वितीयस्य कस्यापि संभवः स्वीकर्तुं न शक्यते। यदि द्वितीयं वस्तु संभवेत् तर्हि कथम् एकस्यैव सत्यत्वमित्यागमवचनंसंगच्छेत?प्रतीयमानं जगन्मिथ्यैव भवितुमर्हति। एवं पौनःपुन्येन भृशं वा विक्रियमाणं जगद् वास्तविकतया अविद्यमानमपि सत्यत्वेन प्रतीयते।"मायामात्रमिदं द्वैतमद्वैतं परमार्थतः" इति माण्डूक्यकारिकायां गौडपादेन प्रोक्तम्। अद्वैती परं नामरूपात्मकस्य जगतोऽसत्यत्वं निगमयति। इतरेषां तु मते बहवो भेदाः कल्प्यन्ते। जीवात्मा परमात्मा चेति जीवपरयोर्भेदः, जीवात्मानश्च प्रतिशरीरं भिन्नाः। चिज्जडयोर्भेदः, एकं

जडमन्यस्माज्जडाद् भिद्यते। नित्यत्वेन परिकल्पितानां परमाणूनामपि प्रत्येकं विशेषोऽस्ति। परिणामरहितः पुरुषः परिणामं प्राप्नुवन्ती प्रकृतिः तदुभयं नित्यमिति केचिन्मन्यन्ते। केषाञ्चिन्मते सदेव कार्यमुत्पद्यते. इतरेषान्तु मते कार्यं कारणाद् भिद्यते। एवं बहुविधानि दर्शनानि तैस्तैःप्रकल्पितानि प्रसिद्धयन्ति। तानि सर्वाणि प्रत्याख्याय दर्शनमालाकारेण असत्यदर्शनस्य अन्तिमे पद्ये एकस्यैव सत्यत्वम् अविद्यादशायां प्रतीयमानस्य जगतोऽसत्यत्वं च सिद्धान्तभूतं प्रतिपाद्यते।

अत्र कश्चिद्दृष्टान्तः उत्तरार्धेन प्रतिपाद्यते। शिवलिङ्गं शिलैव भवति। शिलायाः सकाशाद् व्यतिरिक्तं द्वितीयं वस्तु भवति शिवलिङ्गमिति वक्तुं न शक्यते। शिवलिङ्गाकारेण शिल्पिना सृष्टमपि तच्छिलातो न भिद्यते। घटशरावादिषु मृत्तिकेत्येव सत्यं इत्यौपनिषदं वचनं प्रकृते अनुसन्धेयम्। आदावन्ते च यन्नास्ति तस्य अन्तरालेऽप्यसत्त्वमेव युक्तम्। अधिष्ठाने ब्रह्मणि (आत्मनि) अनिर्वचनीयया मायया प्रसारितं जगद् विद्यया निवृत्तायां अविद्यायाम् अधिष्ठाने प्राप्तलयं तिरोधत्ते। व्यवहारकालेऽपि जगतो मिथ्यात्वं बाढं निश्चितवन्तो महान्तः केनाऽपि विकारेण विकारलेशमपि न प्राप्नुवन्ति।

एवं जगतो मिथ्यात्वम् अनेकैः दृष्टान्तैः उपपादयन्नाचार्यः असत्यदर्शनम् उपसंहृत्य जगतामादिकारणत्वेन अष्टमे पद्ये निर्दिष्टायाः मायायाः स्वरूपं विवरितुं मायादर्शनं अनन्तरतया निबध्नाति।।

ओं तत् सत्।

इत्यसत्यदर्शनम्।।

IV

मायादर्शनम्

दर्शनमालायां चतुर्थं पुष्पं भवति मायादर्शनम्। दर्शनेनाऽनेन मायायाः लक्षणं, विभागः, भेदानां स्वरूपं च निरूप्यते। जगतो मिथ्यात्वेनैव द्वैतनिरासः संभवति। ततश्च अद्वैतसिद्धिः। पारमार्थिकं सत्यत्वं ब्रह्मण एव भवति। अद्वैतिनां मतमनुसृत्य मायां प्रतिपादयति नारायणगुरुः।

न विद्यते या सा माया
विद्याऽविद्या पराऽपरा।
तमः प्रधानं प्रकृति-
र्बहुधा सैव भासते।। (1)

या न विद्यते सा माया भवति। सा एव विद्या, अविद्या, परा,

अपरा, तमः, प्रधानम्, प्रकृतिः -इति बहुधा भासते।

अविद्यमानत्वं मायाया लक्षणं भवति। अविद्यमानत्वमित्यनेन पारमार्थिकं सत्यत्वं निरस्यते। अविद्यमानापि सा माया कार्यस्य जगतः कारणत्वेन श्रुतिभिः प्रतिपादितस्य ब्रह्मणः शक्तित्वेन परिकल्प्यते। शक्तिशक्तिमतोरभेदेन न कापि हानिरद्वैतस्य। माया तावद् विद्यादिरूपेण सप्तभिः प्रकारैर्निरूप्यमाणा जिज्ञासूनामुपकाराय प्रकल्पते।।

——— ❖ ———

प्रागुत्पत्तेर्यथाऽभावो
मृदेव ब्रह्मणः पृथक्।
न विद्यते ब्रह्म हि या
सा मायाऽमेयवैभवा।। (2)

उत्पत्तेः प्राक् अभावः यथा मृत् एव भवति, तथा ब्रह्मणः पृथक् या न विद्यते, वस्तुतः ब्रह्म हि, सा माया अमेयवैभवा भवति।

प्रागभावप्रतियोगित्वं कार्यस्य लक्षणमिति नैयायिका मन्यन्ते। अनादिः सान्तः प्रागभावः -इति प्रागभावलक्षणं च वदन्ति। घटस्य उत्पत्तेः प्राग् योऽभावः सः घटस्य उपदानकारणं या मृत् सैव भवति। अभावाख्यः पदार्थः अद्वैतवेदान्तिभिर्न स्वीक्रियते। जगतः उत्पत्तेः प्राग् यो अभावः सोऽपि जगत्कारणभूतत्वेन श्रुतिबोधिताद् ब्रह्मणो व्यतिरिक्तं न किञ्चिद् भवितुमर्हति। एवं ब्रह्मणो भिन्नतया या न विद्यते सा माया ब्रह्मैवेति समर्थयितुं शक्यते। ब्रह्मणः शक्तित्वेन तदभिन्नत्वेन च सङ्कल्पिता माया अप्रमेयेन माहात्म्येन युक्ता परिकीर्त्यते। अत्यन्तविचित्रस्य

जगद्रूपस्य कार्यस्य कारणभूतां ब्रह्मशक्तिं मायाम् ईदृक्तया इयत्तया वा निर्द्धारयितुं न कोऽपि प्रभवति।

——— ❖ ———

अनात्मा न सदात्मा स-
दिति विद्योतते यया।
सा विद्येयं यथा रज्जु-
सर्पतत्त्वावधारणम्।। (3)

यया अनात्मा न सत्, आत्मा सत् - इति विद्योतते सा इयम् विद्या भवति, यथा रज्जुसर्पतत्त्वावधारणम्।

सत्सदेव, असदसदेव इति निश्चयस्य प्रयोजिका भवति विद्या। पद्ये अनात्मपदेन आत्मनोऽभिन्नतया प्रतीयमानं सर्वं वस्तु गृह्यते। अकर्ता अभोक्ता सच्चिदानन्दलक्षणः भवत्यात्मेति औपनिषदः सिद्धान्तः। कर्तृत्वेन भोक्तृत्वेन उत्पत्त्यादि विकारवत्त्वेन च प्रतीयमानं सर्वम् अनात्मपदेन गृह्यते। अनात्मा वस्तुतो नास्ति, आत्मैव परमार्थिकं वस्तु भवति। सोऽयं विवेकः आत्मविद्यया संपद्यते। 'सर्वं खल्विदं ब्रह्म'। आत्मा च ब्रह्म तदिदं तत्त्वं विद्यया कारणभूतया सुतरां प्रकाशते। उपेयस्य प्रापणेन चरितार्थः उपायः स्वयं निवर्तते। अतो विद्यापि मायाविशेष इति परिकल्प्यते।

यथा रज्जुसर्पतत्त्वावधारणमित्यंशेन दृष्टान्तः कथ्यते। रज्जौ सर्पोऽयमिति भ्रान्तिरुत्पद्यते। अपेक्षितस्यालोकस्य सहकारिकारणस्य अभावात् नैसर्गिकाच्च भयात् कश्चित् मार्गे सर्पो वर्तते इति बुद्ध्या

पुरोगन्तुमपारयन् क्षणं तिष्ठति। तदानीमाप्तवचनेन वा दीपादिसाहाय्येन कृतया परीक्षया वा "नायं सर्पः, रज्जुरेवेयम्"-इति तत्त्वं निश्चिनोति। तद्वद् विद्यया अनात्मनोऽसत्त्वम् आत्मनश्च सत्त्वं निश्चेतुं सर्वोऽपि प्रभवति॥

आत्मा न सदनात्मा स-
दिति विद्योतते यया।
सैवाऽविद्या यथा रज्जु-
सर्पयोरयथार्थदृक्॥ (4)

आत्मा न सत्, अनात्मा सत् इति यया विद्योतते सा एव अविद्या, यथा रज्जुसर्पयोः अयथार्थदृक्।

वस्तुतो यदस्ति तद् नास्तीति तद्विपरीततया वस्तुतो यन्नास्ति तदस्तीति च या प्रतीतिः यया संपद्यते सैव भवत्यविद्या। सजातीयविजातीयस्वगतभेदरहितस्य आत्मनः पारमार्थिकत्वं, तदन्यस्य सर्वस्य असत्यत्वं च वेदान्तैः प्रकाश्यते। लोके तावत् आत्मा नास्ति दृश्यमानं यत्तदेव अस्ति इति विपरीतं ज्ञानं संभवति। तत्र कारणमविद्यैव।

"यथा रज्जुसर्पयोरयथार्थदृक्" - इत्यंशेन दृष्टान्तः कथ्यते। पुरोवर्तिन्यां रज्जौ सेयं रज्जुर्न भवति, किन्त्वयं सर्पो भवति इति जायमानम् अयथार्थं ज्ञानम् अविद्यारूपस्य मायाविशेषस्य प्रतिपत्तौ समुचितं निदर्शनं भवति। पूर्वस्मिन् पद्ये लक्षिता विद्या पद्येस्मिन् लक्षिता अविद्या च मिथो

विरुद्धे अपि मायाभेदत्वेन निरूप्येते।।

इन्द्रियाणि मनोबुद्धी
पञ्चप्राणादयो यया।
विसृज्यन्ते सैव परा
सूक्ष्माङ्गानि चिदात्मनः।। (5)

चिदात्मनः सूक्ष्माङ्गानि इन्द्रियाणि मनोबुद्धी प्राणादयः पञ्च (च) यया विसृज्यन्ते सा एव परा भवति।

मायाभेदेषु तृतीयत्वेन निर्दिष्टायाः परायाः प्रवृत्तिरस्मिन् पद्ये प्रतिपाद्यते। श्रोत्रं, चक्षुः, त्वक्, रसनं, घ्राणं - इति पञ्च ज्ञानेन्द्रियाणि भवन्ति। वाक्, पाणिः, पादः, पायुः, उपस्थम् - इति पञ्च कर्मेन्द्रियाणि भवन्ति। मनश्च बुद्धिश्च मनोबुद्धी। उपलक्षणमर्यादया चित्तमहंकारश्च गृह्येते। तानि चत्वारि अन्तःकरणसंज्ञया व्यवह्रियन्ते। प्राणः, अपानः व्यानः, उदानः, समानः - इति पञ्च शरीरान्तःसञ्चारिणो वायवो भवन्ति। अत्र परिगणितानि सर्वाणि चिदात्मनो जीवस्य सूक्ष्माङ्गानि कथ्यन्ते। तानि यया मायया प्रकल्प्यन्ते सैव परा भवति।

अखण्डं ब्रह्म निरवयवं भवति। मायासंबन्धेन ब्रह्मणः सावयवत्वे जीवव्यपदेशः। कारणं, सूक्ष्मं, स्थूलं चेति शरीरत्रयमवस्थाभेदानुसारेण जीवस्य संभवति। तत्र सूक्ष्मशरीरम् इन्द्रियादिघटितं पराख्यस्य मायाभेदस्य सृष्टिर्भवति। सूक्ष्मशरीरमापन्नो जीवः स्वप्नावस्थायां तैजससंज्ञां लभते।

अङ्गान्येतान्यवष्टभ्य
सुखी दुःखीव मुह्यति।
चिदात्मा मायया स्वस्य
तत्त्वतोऽस्ति न किञ्चन।। (6)

एतानि अङ्गानि अवष्टभ्य सुखी चिदात्मा स्वस्य मायया दुःखी इव मुह्यति। तत्त्वतः किञ्चन नास्ति।

सुखं तावदात्मनः स्वरूपम्। मायासंबन्धेनैव तस्य दुःखित्वभ्रमः सञ्जायते। सूक्ष्माङ्गतया मायाप्रकल्पितानि इन्द्रियादीनि समाश्रित्य सांसारिकं दुःखं अनुभवन्निव संपद्यते। निरुपाधिकस्यात्मनस्तु सच्चिदानन्दस्वरूपस्य नास्त्येव दुःखलेशावकाशः।।

❖

इन्द्रियाणां हि विषयः
प्रपञ्चोऽयं विसृज्यते।
यया सैवाऽपराऽध्यात्म-
स्थूलसङ्कल्पनामयी।। (7)

इन्द्रियाणाम् हि विषयः अयम् प्रपञ्चः यया विसृज्यते सा एव अध्यात्मस्थूलसङ्कल्पनामयी अपरा भवति।

अपराख्या माया समुद्देशक्रमानुसारेण पद्येऽस्मिन् प्रतिपाद्यते। श्रोत्रस्य विषयः शब्दः। त्वगिन्द्रियस्य विषयः स्पर्शः। चक्षुषो विषयः रूपम्। रसनस्य विषयः रसः। घ्राणस्य विषयः गन्धः। विषयशब्देन शब्दादिभ्यो जातानि आकाशादीनि पञ्चभूतान्यपि गृह्यन्ते। एवं भूतः

प्रपञ्चः यया मायया परिकल्प्यते सैव अपरा भवति। सा च आत्मरूपे ब्रह्मणि "बहु स्यां प्रजायेय"-इति स्थूलया सङ्कल्पनया स्वरूपं धृतवती।

इन्द्रियादीनां सृष्टिः सूक्ष्मा भवति। विषयाणां तु सृष्टिः तदपेक्षया स्थूला भवति। तयोः सृष्ट्योः कारणभूतौ मायाभेदौ यथाक्रमं परा, अपरा चेति व्यवह्रियेते। परापेक्षया अपरायाः क्रियाभेदेन अपकर्षोऽपि द्योत्यते। लयविषयेऽपि स्थूलस्य प्राथम्यं संभवति। ततः परमेव सूक्ष्मस्य लयः। अतः परायाश्च अपरायाश्च भेदः सुव्यक्तः।।

❖

शुक्तिकायां यथाऽज्ञानम्
रजतस्य यदात्मनि।
कल्पितस्य निदानं त-
त्तम इत्यवगम्यते।। (8)

यथा शुक्तिकायाम् कल्पितस्य रजतस्य अज्ञानम् भवति तथा आत्मनि कल्पितस्य निदानम् यत् अज्ञानम् तत् तमः इति अवगम्यते।

अधिष्ठानस्याज्ञानम् आरोपस्य निदानं (आदिकारणं) भवति। शुक्तिकायाम् इदं रजतमिति भ्रमः शुक्तिकात्वस्य अग्रहणेन जातः। तमोरूपया मायया आत्मनो याथार्थ्यम् आव्रियते। तत्कृतम् आत्मनोऽज्ञानं कल्पितस्य जगतः अध्यारोपे निमित्ततां भजते। पद्ये तमः पदम् अज्ञानार्थकं भवति। प्रकाशेन तमसो निवृत्तिर्भवति। अज्ञानस्य निवृत्तिस्तु ज्ञानेनैव संपद्यते। शुक्तिरियं, नेदं रजतं इति विवेकेन शुक्तिकायां कल्पितस्य रजतस्य निवृत्तिः। "एकमेवाद्वितीयं ब्रह्म" इति तत्त्वस्य

साक्षात्कारेण सर्वस्याप्यारोपस्य निवृत्तिः।

अस्मिन् पद्ये तमोरूपं मायाभेदं शुक्तिकायां रजतत्वकल्पनस्य निदानमज्ञानं दृष्टान्ततया निरूप्य प्रतिपादयत्याचार्यः।।

—— ❖ ——

धीयतेऽस्मिन् प्रकर्षेण
बीजे वृक्ष इवाखिलम्।
अतः प्राधान्यतो वास्य
प्रधानमिति कथ्यते।। (9)

बीजे वृक्षः इव अखिलम् अस्मिन् प्रकर्षेण धीयते इत्यतः अस्य प्राधान्यतः वा प्रधानम् इति कथ्यते।

प्रधानाख्यः मायाभेदः पद्येऽस्मिन् सदृष्टान्तं प्रतिपाद्यते। प्रकर्षेण (अतिशयेन) धीयते (ध्रियते) अस्मिन्निति व्युत्पत्त्या प्रधानमिति पदं निष्पन्नम्। सृष्टेः प्राक् सर्वं वस्तुजालं ब्रह्मणः समवस्थितम् अभूत्। सूक्ष्मतमे अश्वत्थबीजे निलीनः अश्वत्थवृक्षः परस्तात् शाखोपशाखं वृद्धिं प्राप्य महान्तं आकारं लभते। प्रधानं नाम मायाभेदः सृष्टिकाले प्रपञ्चात्मना वृद्धिं प्राप्नोति। प्रधानस्य प्रपञ्चस्य च बीजवृक्षयोरिव साधर्म्यं द्रष्टव्यम्।

प्रधानमिति संज्ञायाः कारणान्तरमपि प्रदर्श्यते। विद्यादिषु मायाभेदेषु प्रामुख्यं यतो विवक्षितं ततः प्रधानमिति तदिदं व्यवह्रियते।

सांख्यदर्शने जगत्कारणत्वेन प्रोक्तं यत्प्रधानं तदेव मायाभेदत्वेन

प्रकृते निरूपितं भवति। पुरुषः प्रधानं चेति द्वे तत्त्वे सांख्यैः स्वीक्रियेते। अत्र तु ब्रह्मणः शक्तित्वेन प्रतिपादितस्य प्रधानस्य शक्तिशक्तिमतोरभेदाद् अद्वैतस्य न कापि हानिः।।

——— ❖ ———

करोतीति प्रकर्षेण
प्रकृत्यैव गुणान् पृथक्।
निगद्यतेऽसौ प्रकृति-
रिति ह त्रिगुणात्मिका ।। (10)

प्रकृत्या एव गुणान् प्रकर्षेण पृथक् करोति इति (हेतोः) असौ त्रिगुणात्मिका प्रकृतिः इति ह निगद्यते।

प्रकर्षेण करोति इति व्युत्पत्त्या प्रकृतिपदं निष्पन्नम्। सृष्टेः पूर्वं सत्त्वरजस्तमांसि साम्यावस्थया समवर्त्तन्त। गुणत्रययुक्ता सा प्रकृतिरेव सृष्टिकाले जगतो वैचित्र्यस्य कारणत्वेन गुणानां वैषम्यं प्रकृष्टया स्वशक्त्या करोति। एवं प्रकृतिशब्दस्य अन्वर्थता द्रष्टव्या। साम्यावस्थायां प्रकृतिरिति वैषम्यावस्थायां प्रपञ्च इति च व्यवहारः शास्त्रे प्रसिद्धः। विकृतिरूपस्य प्रपञ्चस्य या प्रकृतिः सापि मायाभेद एव।

प्रकृतिरिति पदं सांख्यदर्शनेऽपि प्रधानपर्यायतया स्वीकृतं भवति। तत्र मूलप्रकृतिरेव प्रकृतिपदेनोच्यते। प्रकृतिपुरुषयोः तत्त्वभेदः सांख्यैरास्थीयते। अत्र तु प्रकृतेर्मायाभेदत्वेन ब्रह्मशक्तिरूपत्वमभ्युपगतमिति सुतरां भेदो द्रष्टव्यः।

अस्मिन् मायादर्शने कार्याणां भेदेन कारणानामपि भेदं प्रकल्प्य बहुभिः प्रकारैः कृतं मायायाः निरूपणं नारायणगुरोस्तत्त्वविवेचनकौशलस्य प्रतिपादनप्रावीण्यस्य च निदर्शनं विराजते।।

ओं तत् सत्।

इति मायादर्शनम्।।

V

भानदर्शनम्

अन्तर्बहिर्वदासीनं
सदा भ्रमरचञ्चलम्।
भानं द्विधैव सामान्यं
विशेष इति भिद्यते।। (1)

मायायाः स्वरूपं निरूप्य मायाकृतं भानं विशदयितुं भानदर्शनमारभ्यते। पारमार्थिकं वस्तु सच्चिदानन्दस्वरूपं ब्रह्मैव। असतोऽपि वस्तुनः प्रतीतिर्भानमित्युच्यते। तच्च भानं केन प्रकारेण संभवति, कथं वा तस्य निरासः संपाद्य इति प्रकरणेस्मिन् गुरुणा प्रतिपाद्यते।

अन्तर्बहिर्वत् आसीनम् सदा भ्रमरचञ्चलं भानं सामान्यं विशेषः इति द्विधा एव भिद्यते।

अन्तरिव बहिरिव च वर्तमानतया प्रतीयमानं सर्वदा क्वचिदपि स्थैर्याभावाद् भ्रमरवत् चञ्चलस्वभावं भानं सामान्यरूपेण विशेषरूपेण च द्वाभ्यां प्रकाराभ्यां निरूपणीयं भवति। रज्जौ प्रतीयमानः सर्पः, शुक्तौ प्रतीयमानं रजतं वा बहिर्भासते। स्वप्नावस्थायां या प्रतीतिः सा मनसि वर्तते। एवं बहिरन्तश्च वर्तमानत्वेन प्रतीयमानं तदुभयमपि कालत्रयानवस्थानात् सत्तां व्यभिचरति। अतोऽसदपि भानं सामान्यविशेषरूपेण निरूपयितुं शक्यते।

स्थूलं सूक्ष्मं कारणं च
तुर्यं चेति चतुर्विधम्।
भानाश्रयो हि तन्नाम
भानस्याप्युपचर्यते।। (2)

स्थलं सूक्ष्मं कारणं तुर्यं च इति भानाश्रयः चतुर्विधः हि। तन्नाम भानस्य अपि उपचर्यते।

भानस्य यो विषयः स एव भानाश्रयः। भानाश्रयश्च चतुर्विधो भवति। यथा - स्थूलं सूक्ष्मं कारणं तुर्यं चेति। बहिरिन्द्रियगोचरं स्थूलम्, मनोमात्रगोचरं सूक्ष्मम्, तदुभयस्यापि कारणमज्ञानम्, अवस्थात्रयातीतं तुर्यम् - एवमाश्रयः चतुरो भेदान् भजते इति प्रसिद्धम्। आश्रयस्य यन्नाम तदनुसारेण भानमपि स्थूलभानम्, सूक्ष्मभानम्, कारणभानम्, तुर्यभानम् इति व्यपदिश्यते। स्थूलभानादीनां सामान्यविशेषभेदः सोदाहरणं उत्तरश्लोकेषु निरूपयिष्यते।।

दृश्यतामिह कायोऽहम्
घटोऽयमिति दृश्यते।
स्थूलमाश्रित्य यद्भानम्
स्थूलं तदिति मन्यते।। (3)

इह दृश्यताम्। अहम् कायः भवामि। अयम् घटः भवति। इति स्थूलम् आश्रित्य यत् भानं दृश्यते तत् स्थूलम् इति मन्यते।

उद्देशक्रमानुसारेण प्रथमं स्थूलभानं निरूप्यते।

अत्र (जागरिते) भवद्भिर्विलोक्यताम् - अहम् कायः भवामि. अयं घटः भवति इति या प्रतीतिरनुभूयते तस्याः आश्रयः स्थूलो भवतीति हेतोः तादृशं भानं स्थूलभानमिति निश्चीयते।

पादादिमूर्द्धान्तं शरीरं मूर्तत्वात् स्थूलं भवति। यस्य शरीरे अहंबुद्धिर्भवति सः अहं शरीरमिति मन्यते। तादृशं भानं स्थूलाश्रयत्वात् स्थूलमिति व्यवह्रियते।

अनेन प्रकारेण अयं घटः इत्यत्रापि भानस्य स्थूलत्वं निरूपणीयम्। अयमिति अंगुल्या निर्दिश्यमानः घटः मूर्तत्वात् स्थूलो भवति। तमाश्रित्य संभवदयं घट इति भानं स्थूलमिति व्यवह्रियते।

स्थूलभाने सामान्यविशेषभावः अनन्तरश्लोके विविच्य प्रदर्श्यते।।

अत्र कायो घट इति
भानं यत्तद्विशिष्यते।
तथाऽहमयमिति यत्
सामान्यमिति च स्मृतम्।। (4)

अत्र कायः, घटः इति यत् भानं तत् विशिष्यते। तथा अहम् अयम् इति यत् (भानम्) तत् सामान्यम् इति च स्मृतम्।

अहं कायः भवामि इत्यत्र अहमित्यंशः सामान्यमिति, काय इत्यंशः विशेष इति च द्रष्टव्यः। अहं कायः, अहं श्रोता, अहमज्ञः, अहं ब्रह्म - इत्यादिषु भानेषु अहमित्यंशः समानतया अनुवर्तते इति तस्य सामान्यत्वेन रूपणं संगतं भवति। कायः, श्रोता, अज्ञः, ब्रह्म एतानि भानानि मिथो भिद्यन्ते। अतः प्रकृते अहं कायः इत्यत्र काय इति भानं विशेषरूपमिति द्रष्टव्यम्।

अनेनैव प्रकारेण अयं घटः, अयं पटः, अयं मठः इत्यादिषु अयमित्यंशः सर्वत्र समान इति सामान्यभानं भवति। घटादीनां मिथो भेदात् तेषां भानानि विशेषरूपाणि भवन्ति।

एवमुदाहरणद्वयेन स्थूलभानं तस्य सामान्यविशेषभावेन द्वैविध्यञ्च वैशद्येन विचारितम्।।

इन्द्रियाणि मनोबुद्धी
विषयाः पञ्च वायवः।
भास्यन्ते येन तत् सूक्ष्म-
मस्य सूक्ष्माश्रयत्वतः।। (5)

इन्द्रियाणि मनोबुद्धी विषयाः पञ्च वायवः (च) येन भास्यन्ते अस्य सूक्ष्माश्रयत्वतः तत् सूक्ष्मम् भवति।

चतुर्विधेषु भानेषु द्वितीयं सूक्ष्मभानं निरूप्यते।

श्रोत्रं, त्वक्, चक्षुः, रसनं, घ्राणं चेति पञ्च बाह्येन्द्रियाणि भवन्ति। मनो बुद्धिश्च अन्तःकरणशब्देन व्यवह्रियेते। उपलक्षणमर्यादया चित्तमहंकारश्च गृह्येते। विषयास्तावत् इन्द्रियविषया अन्तःकरणविषयाश्च भवन्ति। श्रोत्रस्य विषयः शब्दः, त्वचो विषयः स्पर्शः, चक्षुषो विषयः रूपम्, रसनस्य विषयो रसः, घ्राणस्य विषयो गन्धः, मनसो वृत्तिः सङ्कल्पः, चित्तस्य वृत्तिः स्मरणं, बुद्धेर्वृत्तिः निश्चयः, अहङ्कारस्य वृत्तिः अभिमानश्च विषयशब्देन गृह्यन्ते। प्राणः, अपानः, समानः, व्यानः, उदानश्चेति वायवः पञ्च भवन्ति।

इन्द्रियादीनां भानम् येन संपद्यते तत् सूक्ष्मभानमित्युच्यते। आश्रयाणामिन्द्रियादीनां सूक्ष्मत्वादेव तद्भानमपि सूक्ष्ममिति व्यपदिश्यते।

स्वप्नावस्थायामेव सूक्ष्मभानमनुभूयते। जागरितापेक्षया स्वप्ने आश्रयाणामिन्द्रियादीनां तत्संबन्धिनां भानानाञ्च सूक्ष्मत्वं स्पष्टमेव।

इन्द्रियेष्वहं बुद्धिः स्वप्ने संभवति। तदनुसारेण अहमित्यंशस्य

सामान्यभावः श्रोतृत्वादीनां विशेषभावश्च संभवतः इति विवेचनीयम्।।

❖

अज्ञोऽहमिति यद्भानं
तत् कारणमुदाहृतम्।
अत्राहमिति सामान्यं
विशेषोऽज्ञ इति स्फुरत्।। (6)

अहम् अज्ञः (अभूवम्) इति यत् भानम् भवति तत् कारणम् उदाहृतम्। अत्र अहम् इति स्फुरत् सामान्यम्, अज्ञः इति स्फुरत् विशेषः।

अस्मिन् पद्ये तृतीयं कारणभानं सोदाहरणं निरूप्यते।

सूक्ष्मभानस्य स्थूलभानस्य च कारणत्वात् अज्ञानं कारणभानमित्युच्यते। सुखमहमस्वाप्सं, न किञ्चिदवेदिषम् इति सुप्तोत्थितस्य स्मृतिरूपा प्रतीतिः प्रसिद्धा। पूर्वमनुभूतस्यैव स्मरणमुपपद्यते। अतः सुषुप्तावपि अनुभवेन भाव्यम्। तस्मिंश्चानुभवे सुखमज्ञानं चेति द्वावंशौ स्तः। तत्र अज्ञानांशः अहमज्ञः इति भानस्य विषयः। अस्मिंश्च कारणभाने अहमित्यस्य सामान्यत्वम् अज्ञ इत्यस्य विशेषत्वं च विवेचनीयम्। कारणभाने इव भानान्तरेष्वपि अहमित्यस्य समानत्वात् तस्य सामान्यरूपता स्पष्टैव। तथा अज्ञ इति कारणभानं भानान्तरेभ्यो भिद्यत इति तस्य विशेषत्वं च युक्तम्।।

❖

अहं ब्रह्मेति यद्भानं
तत्तुर्यमिति शस्यते।
सामान्यमहमित्यंशो
ब्रह्मेत्यत्र विशिष्यते।। (7)

अहं ब्रह्म (अस्मि) इति यत् भानं तत् तुर्यम् इति शस्यते। अत्र अहम् इति अंशः सामान्यं भवति; ब्रह्म इति अंशः विशिष्यते।

योगिनां सविकल्पकसमाधौ अहं ब्रह्मास्मीत्यनुभवः संजायते। स्थूलसूक्ष्मकारणरूपेभ्यः त्रिभ्यः भानेभ्यः परत्वात् तत् तुर्यं भानमिति बुधैः स्तूयते। तुर्यभानेऽपि सामान्यविशेषभावः समनुवर्तते। तत्र अहमित्यंशः सामान्यं भवति; ब्रह्मेत्यंशस्तु विशेषः।

तुर्यं भानं योगिनामेव संभवति। पूर्वोक्तानि स्थूलसूक्ष्मकारणानि तु सर्वैरनुभूयन्ते। पारमार्थिकवस्तुरूपं ब्रह्म भानस्य नैव विषयः। अन्यत्सर्वमविद्यादशायामेव भजते। सोऽयं विवेकः समनन्तरैः पद्यैः प्रदर्शयिष्यते।

यत्र भानं तत्र भास्यं
भानं यत्र न तत्र न।
भास्यमित्यन्वयेनापि
व्यतिरेकेण बुध्यते।। (8)

यत्र भानम् अस्ति तत्र भास्यम् अस्ति। यत्र भानं नास्ति तत्र भास्यं नास्ति इति अन्वयेन व्यतिरेकेण अपि बुध्यते।

यत्र यत्र भानं तत्र तत्र भास्यं इत्यन्वयव्याप्तिः। यत्र यत्र भानाभावः तत्र तत्र भास्याभावः इति व्यतिरेकव्याप्तिः। आभ्यां व्याप्तिभ्यां भानभास्ययोर्हेतुसाध्यभावो ज्ञातुं शक्यते। कायभाने कायो भास्यः, घटभाने घटो भास्यः। एवमन्यत्रापि भानभास्ये विवेचनीये। परस्य ब्रह्मणो निर्विषयत्वाद् भानं नास्तीत्यतो भास्यत्वमपि न घटते। भानत्वं भास्यत्वं चातीत्य यद्वर्तते तदेव पारमार्थिकम्।।

——— ❖ ———

यथा दृग्दृशमात्मानं
स्वयमात्मा न पश्यति।
अतो न भास्यते ह्यात्मा
यं पश्यति स भास्यते।। (9)

यथा दृक् दृशं न पश्यति तथा आत्मा आत्मानं स्वयं न पश्यति। अतः आत्मा न भास्यते हि। आत्मा यं पश्यति सः भास्यते।

दृक्पदेन चक्षुः गृह्यते। तस्य दर्शनकर्तृत्वमिति पक्षे चक्षुर्घटपटादीन् पश्यति। घटपटादयो दृश्या भवन्ति। कर्तृभूतं चक्षुस्तु द्रष्टुं न शक्यते। श्रोत्रादीनामपि श्रव्यत्वाद्यभावोऽनया रीत्या बोध्यः। मननकर्तृ मनो मन्तव्यं न भवति। एवमात्मा बुद्ध्यादीन् पश्यन्नपि स्वयं न दृश्यते। अस्मात् कारणाद् आत्मनो भास्यत्वं नास्ति। आत्मा यं पश्यति तस्य भास्यत्वं युज्यते। यत्र सर्वमात्मैव भवति तत्र द्रष्टृदृश्यभेदो नैवावशिष्यते।।

——— ❖ ———

यद्भास्यते तदध्यस्त-
मनध्यस्तं न भास्यते।
यदध्यस्तं तदसद-
प्यनध्यस्तं सदेव तत्।। (10)

भानस्य चतुर्विधत्वं प्रतिपाद्य प्रतीयमानस्य आरोपितत्वादसत्यत्वम् अधिष्ठानस्य ब्रह्मणः पारमार्थिकत्वमित्यस्मिन्नुपसंहारपद्ये विविच्यते। यत् भास्यते तत् अध्यस्तं भवति। यत् अनध्यस्तं तत् न भास्यते। यत् अध्यस्तं तत् असत् भवति। अपि यत् अनध्यस्तम् तत् सत् एव भवति।

यद् भानस्य विषयो भवति तदारोपितमेव। अनारोपितम् अधिष्ठानभूतं ब्रह्म भानस्य विषयो न भवति। आरोपितस्य मिथ्यात्वम् अधिष्ठानस्य कालत्रयाऽबाध्यस्य सजातीयविजातीयस्वगतभेदशून्यस्य ब्रह्मण एव पारमार्थिकत्वं च विचारेणाऽनेन सुव्यक्तं भवति।।

ओं तत् सत्

इति भानदर्शनम्।।

VI

कर्मदर्शनम्

आत्मैव मायया कर्म
करोति बहुरूपधृक्।
असङ्गः स्वप्रकाशोऽपि
निद्रायामिव तैजसः।। (1)

दर्शनमालायां षष्ठं पुष्पं भवति कर्मदर्शनम्। अस्मिन् प्रकरणे कर्मणस्तत्त्वमद्वैतदृशा विचार्यते। साङ्ख्यदर्शने प्रकृतेः कर्तृत्वं पुरुषस्य भोक्तृत्वं च व्यवस्थापितम्। न्यायदर्शने आत्मनः कर्तृवं भोक्तृत्वं चेत्युभयमपि निरूपितम्। अद्वैतदर्शने एकमेवाऽद्वितीयं ब्रह्म - इति श्रौतप्रामाण्येन कर्तृत्वस्य भोक्तृत्वस्य वा वस्तुतः संभवो नास्तीति प्रतिपादितम्। व्यावहारिकदशायां प्रतीयमानं कर्तृत्वं भोक्तृत्वं वा मायामाश्रित्योपपद्यते। चतुर्थे मायादर्शने मायायाः स्वरूपं विविच्य

निरूपितमेव।

असङ्गः स्वप्रकाशः अपि आत्मा एव मायया बहुरूपधृक् निन्द्रायां तैजसः इव कर्म करोति।

अप्राप्तस्य गुणस्य सिद्धये स्थितस्य दोषस्य निवृत्तये च कर्म अपेक्ष्यते। वस्तुतः निर्दोषो भवत्यात्मा तेनानवाप्तं न किञ्चिदप्यस्ति। ब्रह्म हि सर्वात्मकम्। इदं कर्म मया कर्तव्यम्. अस्य फलं मे भूयात् इत्यभिमानो वा फलाशंसा वा यतो नास्त्यात्मनः अतस्तस्य सङ्गाभावः श्रुत्या प्रदर्शितः। आत्मा स्वयमेव प्रकाशते। अतस्तस्य प्रकाशने इतरापेक्षा नास्ति। भुवनं सूर्येण प्रकाश्यते। भुवनं प्रकाशयन् सूर्यस्तु स्वयं प्रकाशते। असङ्गस्य स्वप्रकाशस्य चात्मनो वस्तुतो न कापि क्रिया संभवति। अथापि आत्मा स्वाभिन्नया मायाख्यया शक्त्या बहूनि रूपाणि स्वीकुर्वन् तत्तत्कर्माणि कुर्वन्निव लोके व्यवह्रियते। निद्रायां स्वप्नाभिमानी जीवः तैजस इति व्यपदिश्यते। कर्मेन्द्रियाणि ज्ञानेन्द्रियाणि च तस्यामवस्थायां नैव व्याप्रियन्ते। पूर्वसंस्कारेण मनः परं व्याप्रियते। जगरितावस्थायामिव स्वप्नावस्थायामपि बहूनि कर्माणि कुर्वन्निव तैजसः प्रकल्प्यते। यदा जागर्ति तदा स्वप्नप्रतीतेर्मिथ्यात्वं निश्चीयते। आत्मनि निलीनायां मायायां नानात्वं कर्तृत्वं च नैवावशिष्यते।

मन्ये वदामि गृह्णामि
शृणोमीत्यादिरूपतः।
कियते कर्म परमा-
त्मना चित्तेन्द्रियात्मना।। (2)

परमात्मना चित्तेन्द्रियात्मना (सदा) मन्ये, वदामि, गृह्णामि, शृणोमि - इत्यादिरूपतः कर्म क्रियते।

मनः, चित्तं बुद्धिः, अहङ्कारः इत्यन्तःकरणं चतुर्विधम्। वाक्, पाणिः, पादः, पायुः, उपस्थञ्चेति पञ्च कर्मेन्द्रियाणि। आदानप्रदाने पाणेर्वृत्ती, गमनं पादस्य वृत्तिः, भाषणं वाचो वृत्तिः विसर्जनं पायोर्वृत्तिः, प्रजननमुपस्थस्य वृत्तिः। श्रोत्रं, त्वक्, चक्षुः रसनं, घ्राणञ्चेति पञ्चज्ञानेन्द्रियाणि। श्रोत्रस्य वृत्तिः श्रवणं, त्वचो वृत्तिः स्पर्शनं, चक्षुसो वृत्तिः दर्शनं , रसनस्य वृत्तिः आस्वादनं, घ्राणस्य वृत्तिः आघ्राणम्। परमात्मैव मायाख्यया स्वशक्त्या अन्तःकरणादि रूपः सन् तत्तत् कर्माणि कुरुते।

पूर्वस्मिन् पद्ये आत्मनः बहुरूपधारणं अनेकक्रियाकर्तृत्वे हेतुतया यदुपात्तं तत्प्रपञ्चनमेव पद्येनानेन निरूढम्।।

❖

आत्मैव कर्मणः पूर्व-
मन्यत् किञ्चिन्न विद्यते।
ततः स्वेनैव कर्माणि
क्रियन्ते निजमायया।। (3)

आत्मा एव कर्मणः पूर्वं विद्यते। अन्यत् किञ्चित् न विद्यते। ततः स्वेन एव निजमायया कर्माणि क्रियन्ते।

"सदेव सोम्येदमग्र आसीत्", "नान्यत् किञ्चन मिषत्"- इति श्रुत्या सन्मात्रस्य ब्रह्मणो विद्यमानत्वं तदन्यस्य कस्याप्यविद्यमानत्वं च बोधितम्। नित्यानां परमाणूनां समवायिकारणत्वं तत्संयोगेन जगतः

सृष्टौ निमित्तकारणरूपं कर्तृत्वं च यन्नैयायिकैरुक्तं तदद्वैतिना निराक्रियते। उपादाननिमित्तरूपोभयकारणत्वमेव ब्रह्मणः श्रुतिसम्मतं भवति। अतः स्वभिन्नं कारणान्तरमनपेक्ष्यैव परमात्मा स्वाभिन्नया मायाशक्तया नानारूपाणि कर्माणि कर्वन्निव व्यवहारकाले लक्ष्यते।।

शक्तिरस्त्यात्मनः काचि-
दुर्घटा न पृथक् स्वतः।
तयैवारोप्यते कर्म
निखिलं निष्क्रियात्मनि।। (4)

आत्मनः दुर्घटा काचित् शक्तिः अस्ति। (सा) स्वतः पृथक् न भवति। तया एव निष्क्रियात्मनि निखिलं कर्म आरोप्यते।

विद्यमानत्वेन वा अविद्यमानत्वेन वा उभयरूपतया वा वक्तुमशक्यत्वाद् दुर्घटा काचिच्छक्तिः मायाख्या कल्प्यते। तस्याः आत्मनः पृथक्त्वं नास्ति। आत्मा अद्वितीय इति श्रुत्या बोधितम्। अप्राप्तस्य गुणस्याभावात् तत्प्राप्त्यर्थं वा, कस्यापि दोषस्याभावात् तत्परिहारार्थं वा किमपि कर्म आत्मनः कर्तव्यतया नास्त्येव। अतः आत्मनः पारमार्थिकं कर्तृत्वं नास्ति। अथापि पूर्वोक्तया मायाख्यया शक्त्या कर्माण्यारोप्यन्ते। आत्मनि मायया प्रतीयमानं कर्तृत्वमात्मनो निर्विकारत्वस्य नित्यशुद्धबुद्धमुक्तस्वभावस्य वा बाधकं नैव भवति।

सर्वदाऽसङ्ग एवात्माऽ-
ज्ञतया कर्मसङ्गिवत्।
करोति न करोमीति
न ज्ञः कर्मसु सज्यते।। (5)

सर्वदा असङ्गः एव आत्मा अज्ञतया सङ्गिवत् कर्म करोति। ज्ञः न करोमि इति कर्मसु न सज्यते।

आत्मा तावत् ममेदं कर्तव्यं अस्य फलं मया भोक्तव्यम् इत्यभिमानाभावात् सर्वस्मिन् काले सङ्गरहितो भवति। अथापि मायाकृतेन अज्ञानेन सङ्गयुक्त इव तत्तत् कर्मसु व्याप्रियते। शास्त्राचार्योपदेशेन आत्मस्वरूपं यदा विजानाति तदा निरहङ्कारः कर्मसु सक्तो नैव भवति।।

❖

ज्वलति ज्वलनो वायु-
र्वाति वर्षति वारिदः।
धरात्मा सन् धरति ख-
ल्वेको वहति वाहिनी।। (6)

एकः खलु ज्वलनः (सन्) ज्वलति, वायुः (सन्) वाति, वारिदः (सन्) वर्षति, धरात्मा सन् धरति, वाहिनी (सती) वहति।

"आत्मैवेदं सर्वम्" इति श्रुत्या आत्मनः सर्वात्मकत्वं बोधितम्। एक एवात्मा अग्निर्भूत्वा दीप्यते, वायुर्भूत्वा वीजति, मेघो भूत्वा वर्षति, भूमिर्भूत्वा अवस्थापयति, नदी भूत्वा स्यन्दते।

"इन्द्रो मायाभिर्बहुरूप ईयते" इति श्रुत्या परमात्मनः मायाभेदैर्बहुरूपधारणं ज्ञापितम्। तत्तत् कर्मानुसारेण बहूनां रूपाणां स्वीकरणम् एकेनैवात्मना स्वेच्छया अभ्युपगम्यते। एतेन सर्वशक्तत्वमात्मनः व्यज्यते।।

——— ❖ ———

ऊर्ध्वं प्राणो ह्यधोऽपानः
खल्वेको याति निष्क्रियः।
नाड्यन्तराले धमति
क्रन्दति स्पन्दति स्थितः।। (7)

एकः खलु निष्क्रियः स्थितः प्राणः भूत्वा ऊर्ध्वम् याति, अपानः भूत्वा अधः याति हि। नाड्यन्तराले धमति क्रन्दति स्पन्दति।

एक एव आत्मा वस्तुतः क्रियारहितः सन्नेव स्वशक्त्या मायया शरीरस्याऽन्तर्भागे बहुधा व्याप्रियते। तत्र प्राणो भूत्वा श्वसिति, अपानो भूत्वा निःश्वसिति, नाडीमध्ये धमनं, क्रन्दनं, स्पन्दनं च कुर्वन्निव व्याप्रियमाणो वायुरपि वस्तुतः परमात्मैव।।

——— ❖ ———

अस्तिजन्मर्धिपरिण-
त्यपक्षयविनाशनम्।
षड्भावमिह यो याति
स नान्योऽविक्रियात्मनः।। (8)

इह यः अस्तिजन्मर्धिपरिणत्यपक्षयविनाशनं षड्भावं याति सः अविक्रियात्मनः अन्यः न भवति।

भवनं, जननं, वृद्धिः, विपरिणामः, अपक्षयः, विनाशः - एते षड्भावविकारा इत्युच्यन्ते। अस्मिन् लोके इमान् षड्भावविकारान् प्राप्नुवन्निव शारीरो जीवः व्यवह्रियते। वस्तुत आत्मा निर्विकार एव। सविकारत्वे तस्यानित्यत्वं प्रसज्येत। नित्य आत्मेति श्रुतिप्रसिद्धम्। अतः आत्मनः सविकारत्वप्रतीतिः स्वाभिन्नया मायाशक्त्या कृतेति बोद्धव्यम्।

जायते, अस्ति, वर्धते, विपरिणमते, अपक्षीयते, विनश्यति इति भावविकाराणां क्रमः साम्प्रदायिकः। अत्र तु प्रथमयोर्द्वयोर्विषये द्वितीयस्य भवनस्य प्राथम्यं प्रथमस्य जन्मनो द्वितीयत्वं च गुरुणा दत्तमुपलभ्यते। सत एव जन्मोचितमिति गुरोरभिप्रायः व्यज्यते। जननात्पूर्वं खलु गर्भवासः। सैव दशा प्रथमतया निर्देशमर्हति।।

❖

स्वयं क्रियन्ते कर्माणि
करणैरिन्द्रियैरपि।
अहं त्वसङ्गः कूटस्थ
इति जानाति कोविदः।। (9)

करणैः इन्द्रियैः अपि कर्माणि स्वयं क्रियन्ते। अहं तु असङ्गः कूटस्थः (भवामि) - इति कोविदः जानाति।

मनः, चित्तं, बुद्धिः, अहङ्कारः इति चत्वारि करणानि भवन्ति। एतेषां वृत्तयः यथाक्रमं सङ्कल्पः, स्मरणं, निश्चयः अभिमानः च भवन्ति। पञ्चज्ञानेन्द्रियाणि पञ्चकर्मेन्द्रियाणि च इन्द्रियशब्देन निर्दिश्यन्ते।

करणानीन्द्रियाणि च परप्रेरणां विना स्वयमेव तानि तानि कर्माणि कुर्वन्ति। सच्चिदानन्दलक्षणो ब्रह्माभिन्नोऽहं पुनः कर्तृत्वभोक्तृत्वरहितः कूटवन्निर्विकारः स्थितोऽस्मि इति तत्त्वज्ञानसंपन्नोऽवबुध्यते।

करणानीन्द्रियाणि च जडत्वाच्चेतनसंबन्धं विना कर्म कर्तुं नैव प्रभवन्ति। निर्दोषः पूर्णकाम आत्मापि निरपेक्षत्वात् कर्मणि न व्याप्रियते। एवं स्थिते अनिर्वचनीयाया अविद्यायाः संभावनया कर्मकर्तृत्वादिव्यवहारः कथञ्चिद् योजनीयः।

——— ❖ ———

दृश्यत्वाद् भास्यमहम-
प्यतोऽहं शुक्तिरङ्गवत्।
अध्यस्तमेक एवाद्य
श्वोऽपि सर्वोपरिस्थितः।। (10)

दृश्यत्वात् अहम् अपि भास्यं भवति। अतः अहम् शुक्तिरङ्गवत् अध्यस्तम्। अद्य श्वः अपि सर्वोपरि स्थितः एकः एव भवति।

कर्तृत्वेन भोक्तृत्वेन च प्रतीयमानं बुद्ध्यवच्छिन्नचैतन्यं जीवरूपेण अहङ्कारवृत्तेर् विषयो भवति। तदपि साक्षिचैतन्येन दृश्यं भवतीति हेतोरधिष्ठानभूतायां रज्जौ यथा रजतं प्रतीयते तथा आरोपितमेव भवति। शुक्तिज्ञानेन रजतस्य निवृत्तिर्भवति। तथा अधिष्ठानभूतस्यात्मनः साक्षात्कारेण जीवभावो निवर्तते। त्रिष्वपि कालेषु निर्विकारतया सर्वत्र सत्तारूपेणावस्थितः परमात्मा सजातीयविजातीयस्वगतभेदशून्य इत्यौपनिषदः सिद्धान्तः।।

एवं कर्मविषयकं दर्शनमद्वैतदिशा निरूपितं परिसमाप्यते।

ओं तत् सत्।

इति कर्मदर्शनम्।।

VII

ज्ञानदर्शनम्

ज्ञानमेकं हि निरुपा-
धिकं सोपाधिकञ्च तत्।
अहङ्कारादिहीनं यत्
ज्ञानं तन्निरूपाधिकम्।। (1)

अथ ज्ञानदर्शनमारभ्यते। ज्ञानस्वरूप आत्मा इति अद्वैतवेदान्तिनां निर्णयो भवति। अथापि व्यवहारे ज्ञानं बहुधा प्रकल्प्यते। अतो ज्ञानमधिकृत्य विशदं निरूपणमावश्यकं भवति। तदर्थमेव ज्ञानदर्शनाख्यमिदं प्रकरणं प्रस्तूयते।

ज्ञानम् एकं हि। तत् निरुपाधिकं सोपाधिकं च भवति। यत् अहङ्कारादिहीनं ज्ञानम् तत् निरुपाधिकम्।

आत्मनः स्वरूपलक्षणं ज्ञानमेकमेव भवतीत्युपनिषत्सु प्रसिद्धम्। अथापि निरुपाधिकसोपाधिकभेदेन ज्ञानं द्विधा निरूपणीयतां प्रतिपद्यते। अहङ्कारादिवृत्तिरहितं शुद्धं ज्ञानं केनाप्युपाधिना वर्जितं निरुपाधिकमित्युच्यते।

सोपाधिकं ज्ञानं तु समनन्तरपद्ये प्रतिपाद्यते।

—— ❖ ——

अहन्तयाऽन्तर् बहिर-
स्ति यदेवमिदन्तया।
भानवृत्त्यान्वितं यत्तु-
ज्ञानं सोपाधिकं मतम्।। (2)

यत् अन्तः अहन्तया यत् तु बहिः एवम् इदन्तया भानवृत्त्या अन्वितं ज्ञानम् अस्ति (तत्) सोपाधिकं मतम्।

अहन्ता, इदन्ता चेति भानवृत्तिर्द्विविधा भवति। अहन्ता तावदन्तःस्फुरति। इदन्ता तु बहिः स्फुरति। मनः चित्तं बुद्धिः अहङ्कारः इति चत्वारि अन्तःकरणानि यथाक्रम सङ्कल्पस्मरणनिश्चयाभिमानरूपाभिर्वृत्तिभिरुपेतानि। श्रोत्रादीनि ज्ञानेन्द्रियाणि बहिः शब्दादीन् विषयानुपलभन्ते। एवमन्तःकरणवृत्तिरिन्द्रियवृत्तिश्च यथाक्रमं अन्तर्बहिश्च व्याप्रियेते। तादृशवृत्त्यन्वितं ज्ञानं तत्तद्विषयसंबन्धेन सोपाधिकमिति विद्विद्भिर्निरूप्यते।

पञ्चमे भानदर्शने सामान्यविशेषभावेन स्थूलादिभेदचतुष्टयेन च भानं सविस्तरं निरूपितम्। सर्वमपि तद्भानं सोपाधिकज्ञानतया पद्येऽस्मिन् प्रतिपाद्यते।।

—— ❖ ——

अनात्मनामहङ्कारा-
दीनां येनानुभूयते।
साक्षी तदात्मज्ञानं स्या-
द्येनैवामृतमश्यते।। (3)

येन अनात्मनाम् अहङ्कारादीनां साक्षी अनुभूयते तत् आत्मज्ञानं स्यात्. येन एव अमृतम् अश्यते।

अहङ्कारः चतुष्वन्तःकरणेषु अन्यतमो भवति। आदिपदेन बुद्धिः. चित्तं मनः इत्यन्यानि त्रीण्यन्तःकरणानि. श्रोत्रादीनीन्द्रियाणि तद्विषयाः शब्दादयश्च गृह्यन्ते। अहङ्कारादीनि सर्वाणि अरोपितात्मवत्त्वाद् अनात्मपदेन व्यवह्रियन्ते। अहङ्कारादीनां अनात्मनां साक्षीभवत्यात्मा स च निर्विकारः। तस्यापरोक्षानुभवो येन जायते तदात्मज्ञानं भवति। ज्ञानमात्मनः स्वरूपमेव। नित्यं कैवल्यं आत्मसाक्षत्कारेणैव सम्पद्यते।

अस्मिन् पद्ये निरूपितमात्मज्ञानं निरुपाधिकं वेदितव्यम्। दृङ्मात्रमिदं न कदापि दृश्यं भवति।।

———❖———

अहङ्कारादिकार्यं य-
दनात्मकमसङ्ख्यकम्।
येनावगम्यतेऽनात्म-
ज्ञानं तदवधार्यते।। (4)

यत् अनात्मकम् असङ्ख्यकम् अहङ्कारादिकार्यं भवति तत् येन अवगम्यते तत् अनात्मज्ञानम् अवधार्यते।

अनाद्यविद्यया कारणभूतयोत्पाद्यं सर्वं कार्यमित्युच्यते। आत्मन्येव सर्वं कार्यमारोप्यते। अतः कार्यमनात्मकं भवति। अन्तःकरणानि इन्द्रियाणि विषया इति सर्वं कार्यं सङ्ख्यया परिच्छेत्तुं न शक्यते। पारमार्थिकं वस्तु यद्यप्येकं श्रूयते तथापि व्यवहारे नानात्वमापतितम्। येन ज्ञानेन अनात्मकं सर्वं विषयीक्रियते तदनात्मज्ञानं भवति। सोपाधिकत्वादिदं ज्ञानं निरुपाधिकात् साक्षिज्ञानाद् भिद्यते। अनात्मज्ञानेनैव सर्वो व्यवहारः। आत्मज्ञानेन अविद्यायां निवृत्तायां तत्कार्यस्य नानात्वस्य निरासः सम्पद्यते।।

—— ❖ ——

यथावद्वस्तुविज्ञानं
रज्जुतत्त्वावबोधवत्।
यत्तद्यथार्थविज्ञानम्
अयथार्थमतोऽन्यथा।। (5)

यत् वस्तुविज्ञानम् रज्जुतत्त्वावबोधवत् यथावत् भवति तत् यथार्थविज्ञानं भवति। अतः यत् अन्यथा भवति तत् अयथार्थविज्ञानं भवति।

सोपाधिकज्ञानं द्विधा भवति - यथार्थज्ञानं, अयथार्थज्ञानं चेति। तद्वति तत्प्रकारकं ज्ञानं यथार्थमित्युच्यते। रज्जुत्ववत्त्याम् इयं रज्जुरिति ज्ञानं यथार्थम्। तदभाववति तत्प्रकारकं ज्ञानम् अयथार्थं भवति। सर्पत्वाभाववत्त्यां रज्जौ प्रकाशस्य न्यूनत्वाद् द्रष्टुर्भयादिदोषेण च जायमानमयं सर्प इति ज्ञानमयथार्थम्।

रज्जुरिति ज्ञानं अविद्याकृतं विद्यादशायां निवर्तयति। रज्जौ सर्प इति ज्ञानं त्वविद्यादशायामेव सम्यग्निरीक्षणेन बाध्येत। यथार्थज्ञानस्य अयथार्थज्ञानस्य च सोऽयं भेदः श्रद्धेयो भवति।।

—— ❖ ——

यत्सान्निध्यादेव सर्वं
भासते स्वयमेव तत्।
प्रत्यक्षज्ञानमिति चा-
परोक्षमिति लक्ष्यते ।। (6)

यत्सान्निध्यादेव सर्वम् स्वयम् एव भासते तत् प्रत्यक्षज्ञानम् इति अपरोक्षज्ञानम् इति च लक्ष्यते।

यथार्थज्ञानं प्रत्यक्षानुमित्युपमितिरूपेण त्रिधा सम्पद्यते। इन्द्रियार्थसन्नि-कर्षजन्यं ज्ञानं प्रत्यक्षम्। अयं घट इति चाक्षुषप्रत्यक्षे सन्निहितः घटः चक्षुषा गोचरीक्रियते। एवं यद्यद्वस्तु सन्निहितं तत्तद्ग्रहणसमर्थेनेन्द्रियेण ज्ञायते, तद्गतं ज्ञानं प्रत्यक्षमिति व्यवह्रियते। अपरोक्षमिति प्रत्यक्षस्यैव नामान्तरम्। परोक्षं न भवतीत्यपरोक्षम्।

अनुमितिरुपमितिश्च परोक्षज्ञानरूपे यथाक्रमं सप्तमाष्टमाभ्यां पद्याभ्यां निरूपयिष्येते।

—— ❖ ——

ययाऽनुसाधकं साध्यं
मीयते ज्ञानरूपया।
वृत्त्या साऽनुमितिः साह-
चर्यसंस्कारजन्यया।। (7)

साहचर्यसंस्कारजन्यया ज्ञानरूपया वृत्त्या साधकम् अनुसाध्यं मीयते सा अनुमितिः भवति।

यत्र यत्र धूमः तत्र तत्र वह्निः. यत्र यत्र वह्न्यभावः तत्र तत्र धूमाभाव इति धूमवह्न्योः साहचर्यं महानसे अनुभूयते। तज्जनितेन संस्कारेण पर्वते धूमं दृष्ट्वा धूमवह्न्योः साहचर्यस्य स्मरणम् उत्पद्यते। स्मरणरूपया तया वृत्त्या साधकस्य धूमस्य प्रत्यक्षज्ञानानुबन्धितया साध्यस्य वह्नेः ज्ञानं संपद्यते। तदेव ज्ञानम् अनुमितिरित्यभिधीयते।

प्रत्यक्षमनुमीयते (ज्ञायते) इति अनुमितिपदम् अन्वर्थं भवति। प्रत्यक्षेण साधकेन धूमेन साध्यस्य वह्नेर्ज्ञानं जायते। अनुमितिरूपं ज्ञानं परोक्षं भवति। अनुमितिरपि सोपाधिकं ज्ञानमेव।

गत्वा समीपं मेयस्य
मीयते श्रुतलक्षणः।
यया संवित्सोपमिति-
र्मृगोऽयमिति रूपया।। (8)

मेयस्य समीपम् गत्वा श्रुतलक्षणः मृगः अयम् इति रूपया यया (वृत्त्या मेयः) मीयते सा संवित् उपमितिः भवति।

गोसदृशो गवय इत्यारण्यकमुखाद् गवयस्य गोसादृश्यं श्रुत्वा वनं गतः तत्र दृष्टे मृगे गोसादृश्यदर्शनादयं गवय इति जायमानं ज्ञानं उपमितिर्भवति।

गोसदृशो गवय इत्यत्र उपमेयं गौः, उपमानं गवयः। यदुपमीयते तदुपमेयं, येनोपमीयते तदुपमानम्। उपमेयं वस्तु उपमानज्ञानेन मीयते (ज्ञायते) इत्युपमितिः। उपमितिरपि परोक्षज्ञानमेव।।

——— ❖ ———

अहं ममेति ज्ञानं य-
दिदं तदिति यच्च तत्।
जीवज्ञानं तदपर-
मिन्द्रियज्ञानमिष्यते।। (9)

अहम् मम इति यत् ज्ञानम्, इदम् तत् इति यत् (ज्ञानम्) च तत् जीवज्ञानम्, अपरं तत् इन्द्रियज्ञानम् (च) इष्यते।

अहं करोमि, अहं जानामि इत्यादिव्यवहारेषु अहमिति, मम शरीरं, मम गृहं इत्यादौ ममेति च प्रत्ययस्य विषयः जीवो भवति। बुद्ध्यवच्छिन्नचैतन्यमेव जीव इत्युच्यते। जीवविषयकं ज्ञानं जीवज्ञानं भवति। समीपवर्तिनि वस्तुनि इदमिति तदपेक्षया विप्रकृष्टे वस्तुनि तदिति च जायमानं ज्ञानं इन्द्रियद्वारा संभवतीति तादृशं ज्ञानं इन्द्रियज्ञानम् इति तत्त्ववेदिभिः इष्यते।

सुषुप्तावपि जीवज्ञानं अनुवर्तते। तत्रेन्द्रियाणि नैव व्याप्रियन्ते। प्रबुद्धस्य सुखमहमस्वाप्सं, न किञ्चिदवेदिषं इति स्मरणं संभवत्येव। अतो जीवज्ञानं इन्द्रियज्ञानात् पृथक्त्वेन अंगीकरणीयम्। चक्षुरादिभिः इन्द्रियैः गृह्यमाणं वस्तुजीवज्ञानात् भिन्नं जायमानं ज्ञानं

इन्द्रियज्ञानमित्युच्यते। जीवज्ञानं इन्द्रियज्ञानं चेत्युभयं व्यवहारोपयोगि सोपाधिकं च भवति।

❖

ओं तत् सदिति निर्दिष्टं
ब्रह्मात्मैक्यमुपागतम्।
कल्पनादिविहीनं य-
तत् परज्ञानमीर्यते।। (10)

यत् "ओम् तत् सत्" इति निर्दिष्टं ब्रह्मात्मैक्यमुपागतं कल्पनादिविहीनं भवति तत् परज्ञानम् ईर्यते।

'ओमिति ब्रह्म' इत्यादिषु उपनिषद्वचनेषु प्रणवाख्य ओङ्कारः ब्रह्मत्वेन बोध्यते। तदिति पदं सर्वज्ञत्वादिलक्षणं ब्रह्म परामृशयति। सदिति पदं कालत्रयाबाधितम् अत एव नित्यं ब्रह्माख्यं वस्त्वभिधत्ते। एवम् ओं तत् सदिति वेदान्तैर्बोधितम्। आत्मनः ब्रह्माभिन्नत्वं संप्राप्तं सङ्कल्पविकल्पादिशून्यम् अखण्डबोधलक्षणं ज्ञानं सर्वातिशायित्वात् पारमार्थिकत्वात् च परज्ञानमिति निगद्यते। तदिदं परज्ञानं निरुपाधिकं भवति।

ओं तत् सत्।
इति ज्ञानदर्शनम्।।

VIII

भक्तिदर्शनम्

भक्तिरात्मानुसन्धान-
मात्माऽऽनन्दघनो यतः।
आत्मानमनुसन्धत्ते
सदैवात्मविदात्मना।। (1)

दर्शनमालायां अष्टमं भवति भक्तिर्शनम्। भक्तेः स्वरूपं प्राधान्यं भेदाश्च प्रकरणेऽस्मिन् निरूप्यन्ते।

आत्मानुसन्धानं भक्तिः भवति। यतः आत्मा आनन्दघनः भवति ततः आत्मवित् आत्मानम् आत्मना सदा एव अनुसन्धत्ते।

आत्मनो नैरन्तर्येण ध्यानं भक्तिरित्युच्यते। आनन्दघनत्वमात्मनः श्रुत्या प्रतिपादितम्। शास्त्रेण गुरूपदेशेन च पारमार्थिकमात्मानं यो

वेत्ति स महात्मा विषयेभ्य इन्द्रियाणि निवर्त्य विशुद्धेनान्तःकरणेन नित्यं निर्विशेषं आत्मानमानन्दघनं सर्वदैवानुस्मरति। अवस्थात्रयातीतस्य त्रिपुटीमतिक्रान्तस्य भक्तेः पारम्यं प्राप्तस्य किमपि कार्यं नैव विद्यते।

अनुसन्धीयते ब्रह्म
ब्रह्मानन्दघनं यतः।
सदा ब्रह्मानुसन्धानं
भक्तिरित्यवगम्यते।। (2)

ब्रह्म अनुसन्धीयते यतः ब्रह्म आनन्दघनं भवति। सदा ब्रह्मानुसन्धानं भक्तिः इति अवगम्यते।

आनन्दघनत्वं ब्रह्मणो लक्षणं विदितवतः पुरुषस्य ब्रह्मतादात्म्यं साक्षात्कर्तुमेव प्रयत्न उपपद्यते। नैरन्तर्येणात्मनो ब्रह्माभिन्नतया क्रियमाणं ध्यानमेव भक्तिरिति निश्चेतुं शक्यते।

पूर्वस्मिन् पद्ये आत्मानुसन्धानं भक्तिरित्युक्तम्। अस्मिन् पद्ये ब्रह्मानुसन्धानस्य भक्तित्वं प्रतिपादितम्। आत्मनो ब्रह्माभिन्नत्वादात्मानुसन्धानस्य ब्रह्मानुसन्धानस्य च वस्तुतो नास्त्येव भेदः।।

आनन्दमेव ध्यायन्ति
सर्वे दुःखं न कश्चन।
यदानन्दपरं ध्यानं
भक्तिरित्युपदिश्यते।। (3)

सर्वे आनन्दम् एव ध्यायन्ति। कश्चन दुःखं न ध्यायति। यत् आनन्दपरं ध्यानं तत् भक्तिः इति उपदिश्यते।

लोके सर्वेऽपि आनन्दमेव ध्यायन्तो दृश्यन्ते। न कोऽपि दुःखं ध्यानविषयं करोति। दुःखलेशेनाप्यस्पृष्टम् आनन्दमुद्दिश्य सश्रद्धं क्रियमाणं यद्ध्यानं तदेव भक्तिर्भवतीति गुरुपरम्परयोपदिष्टम् उपलभ्यते।

प्रथमपद्ये आत्मानुसन्धानं भक्तिरित्युक्तम्। द्वितीयपद्ये ब्रह्मानुसन्धानस्य भक्तित्वं निरूपितम्। अस्मिन् पद्ये आनन्दपरस्य ध्यानस्य भक्तिरिति व्यपदेशो बुधैः क्रियते इति प्रतिपादितम्।

❖

आत्मैव ब्रह्म भजति
नान्यमात्मानमात्मवित्।
भजतीति यदात्मानं
भक्तिरित्यभिधीयते।। (4)

आत्मा एव ब्रह्म। आत्मवित् अन्यम् आत्मानं न भजति। आत्मानं भजति इति यत् तत् भक्तिः इति अभिधीयते।

"अयमात्मा ब्रह्म" इत्युपनिषदा आत्मनः पारमार्थिकं ब्रह्माभिन्नत्वं बोधितं भवति। एवमात्मानमेव ब्रह्मत्वेन यो वेत्ति स आत्मनो भिन्नतया न कमपि भजनविषयं करोति। आत्मभजनमेव भक्तिशब्दस्य मुख्योऽर्थः।

"आत्मैवेदं सर्वम्" इति वचनेन आत्मनो भिन्नं किमनिास्तीति

बोधितम्। आत्मतत्त्वविदः स्वात्मभिन्नं न किञ्चिदपि भक्तिविषयतामापद्यते। अतो भक्तिरिति व्यपदेश आत्मभजनस्यैव युज्यते।

——— ❖ ———

आनन्द आत्मा ब्रह्मेति
नामैतस्यैव तन्यते।
इति निश्चितधीर्यस्य
स भक्त इति विश्रुतः।। (5)

आनन्दः, आत्मा, ब्रह्म इति नाम एतस्य एव तन्यते इति यस्य निश्चितधीः भवति सः भक्तः इति विश्रुतः।

प्रियतमत्वादानन्द इति व्यापकत्वादात्मेति, प्रपञ्चरूपेण वर्धमानत्वाद् ब्रह्मेति बहुधा व्यपदिश्यमानं वस्तु सर्वस्यापि सन्निकृष्टतमं भवतीति यस्य महात्मनः समस्तवेदान्तनिरूपणेन सुनिश्चिता धीः संजाता स एव भक्त इति ख्यातिं लभते।।

——— ❖ ———

आनन्दोऽहमहं ब्रह्मा-
त्माऽहमस्मीति रूपतः।
भावना सततं यस्य
स भक्त इति विश्रुतः।। (6)

अहम् आनन्दः अस्मि, अहम् ब्रह्म अस्मि, अहं आत्मा अस्मि इति रूपतः यस्य भावना सततं भवति सः भक्तः इति विश्रुतः।

यस्तावत् स्वम् आनन्दरूपत्वेन ब्रह्मरूपत्वेन आत्मरूपत्वेन च

निरन्तरतया भावयन् सर्वं भेदमतीत्य वर्तते स एव भक्त इति प्रसिद्धिमुपगतो भवति।

भार्या भजति भर्तारं
भर्ता भार्यां न केवलम्।
स्वानन्दमेव भजति
सर्वोऽपि विषयस्थितम्।। (7)

भार्या भर्तारं न केवलम् भजति। भर्ता भार्यां न केवलं भजति। सर्वः अपि विषयस्थितं स्वानन्दम् एव भजति।

भार्या भर्तुः सुखाय भर्तारं भजतीति प्रतीतिर्भ्रमो भवति। भार्यया क्रियमाणं भर्तृभजनं स्वसुखमुद्दिश्यैव भवति। तद्वद् भर्त्रा क्रियमाणं भार्याभजनमपि स्वसुखमुद्दिश्य भवति। पित्रा क्रियमाणं पुत्रसेवनमपि स्वसुखमुद्दिश्य भवति। वित्तगता प्रीतिरपि वस्तुतः स्वसुखमुद्दिश्यैव स्वामिना विधीयते। पशूनां परिपालनमपि स्वामिना क्रियमाणं स्वसुखार्थमेव भवति। एवं सर्वोऽपि विषयेष्ववस्थितं स्वस्वरूपमानन्दमेव भजतीति वस्तुतत्त्वं निष्कृष्टेन विचारेण निश्चेतुं शक्यम्। आनन्दस्तावदात्मस्वरूपम्। शास्त्रेण गुरूपदेशेन च स्वात्मानन्दतत्त्वं गृहीतवतां विवेकिनां विषयाभिलाषेण चित्तविक्षेपो नैव संपद्यते।।

एवं पश्यति कुत्रापि
विद्वानात्मसुखं विना।
न किञ्चिदपरं तस्य
भक्तिरेव गरीयसी।। (8)

एवं विद्वान् कुत्रापि आत्मसुखं विना अपरं किञ्चित् न पश्यति। तस्य भक्तिः एव गरीयसी।

पूर्वोक्तेन विचारेण स्वात्मानम् आनन्दरूपं निश्चितवतो बुधस्य सर्वत्रापि स्वसुखस्यैव दर्शनं भवति। स्वस्मादन्यस्य कस्याप्यभावात्। तद्भजनं स्वसुखायैव प्रसज्यते। आनन्दस्वरूपस्य स्वात्मनो भजनं सर्वातिशायिनी भक्तिरिति सुस्पष्टं भवति।।

लोकस्य पितरि स्वस्य
गुरौ पितरि मातरि।
सत्यस्य स्थापयितरि
तत्पथेनैवं यातरि।। (9)

नियन्तरि निषिद्धस्य
सर्वेषां हितकर्तरि।
योऽनुरागो भक्तिरत्र
सा परा परमात्मनि।। (10)

लोकस्य पितरि, स्वस्य गुरौ, स्वस्य पितरि, स्वस्य मातरि,

सत्यस्य स्थापयितरि, तत्पथेन एव यातरि, निषिद्धस्य नियन्तरि, सर्वेषां हितकर्तरि यः अनुरागः सा भक्तिः भवति। अत्र परमात्मनि सा परा भक्तिः भवति।

पूज्येष्वनुरागो भक्तिरित्युच्यते। लोकस्य स्रष्टृत्वेन कल्पिते ईश्वरे, स्वगुरौ, स्वपितरि, स्वमातरि, असत्येन अभिभूतं सत्यं प्रत्याहृत्य समुन्नते स्थाने यः स्थापितवान् तस्मिन् महात्मनि, तद्दर्शितेन मार्गेणैव यो जीवितयात्रां विदधाति तस्मिन् महापुरुषे, निषिद्धेभ्यः कर्मभ्यः स्वप्रजां निवर्त्य यः पालयति तस्मिन् राजनि, समस्तलोकहिताय प्रवर्तमाने सत्पुरुषे च योऽनुरागः सुविदितः सा भक्तिर्भवति।

स्वाभिन्ने परमात्मनि तत्त्वज्ञानेन संभवन्ती भक्तिरेव सर्वातिशायितया विजयते।

भक्तिविषये गुरोर्यद्दर्शनं प्रकरणेऽस्मिन् निरूपितं तदवधानपूर्वं विवेचनीयम्।

ओं तत् सत्।

इति भक्तिदर्शनम्।।

IX

योगदर्शनम्

सततं योजयति य-
द्युनक्ति च चिदात्मनि।
मनोनिरोधरूपोऽयम्
स योग इति शंसितः।। (1)

दर्शनमालायां नवमं भवति योगदर्शनम्। योगस्य निर्वचनं स्वरूपं साधनं फलं च प्रकरणेऽस्मिन् गुरुणा सुष्ठु निरूप्यते।

यत् मनः चिदात्मनि सततम् योजयति युनक्ति च मनोनिरोधरूपः सः अयम् योगः इति शंसितः।

योग इति पदस्य निर्वचनं द्विधा भवति। योजयतीति योगः। युनक्तीति योगः। चिदात्मनि - ज्ञानस्वरूपे आत्मनि. मनसो योजनं

येनोपायेन विधीयते स योग इत्युच्यते। तथा ब्रह्मणि मनसो युक्ततया समवस्थानमपि योगशब्देन निर्दिश्यते। 'योगश्चित्तवृत्तिनिरोधः' इति सूत्रेण पतञ्जलिः चित्तवृत्तीनां निरोधं योगं कथयति। प्रमाणं, विपर्ययः, विकल्पः, निद्रा, स्मृतिः - एताः पञ्चवृत्तयो भवन्ति। एतासां वृत्तीनां साकल्येन निरोधनमेव योगस्य स्वरूपं भवति। यमः, नियमः, आसनं, प्राणायामः, धारणा, ध्यानं, समाधिः - इति योगस्याङ्गान्यष्ट भवन्ति। एतेषां योगाङ्गानां नैरन्तर्येण यत्परिशीलनं योगसिद्धिरूपं चित्तस्यात्मन्यवस्थानं चेति द्वयं योगशब्दवाच्यं भवति। एतस्य योगस्य माहात्म्यं पतञ्जल्यादिभिः संस्तुतमुपलभ्यते।।

—— ❖ ——

न द्रष्टा दर्शनं दृश्यम्
विद्यते यत्र तत्र हृत्।
योजयेद्वासना याव-
द्योगोऽयमिति योगवित्।। (2)

यत्र द्रष्टा, दर्शनं, दृश्यम् न विद्यते तत्र हृत् यावत् वासना योजयेत्। अयम् योगः इति योगवित् (वदति)।

यः पश्यति स द्रष्टा भवति। दर्शनमिति दर्शनक्रियोच्यते।। यद्दृश्यते तदेव दृश्यम्। द्रष्टा दर्शनं दृश्यं चेति त्रयं त्रिपुटीत्युच्यते। यत्र त्रिपुटी नास्ति स परमात्मैव। स्वाभिन्ने तस्मिन् परमात्मनि मनसो योजनं कुर्यात्। इदं च परिशीलनं वासनानाशपर्यन्तं करणीयं भवति। पूर्वानुभवजन्यः संस्कारविशेषो वासनेत्युच्यते। वासनैव चित्तवृत्तीनां

प्रयोजकं भवति। योगाभ्यासस्य शक्त्या वासना क्रमेण क्षीणा सर्वथा तिरोभवति। तावन्तं कालं श्रद्धया परमात्मनि मनोयोजनं विधातव्यम्। तदिदं योगस्वरूपं योगज्ञेन महात्मना शिष्याणामनुग्रहाय प्रतिपाद्यते।।

——— ❖ ———

नामरूपमिदं सर्वं
ब्रह्मैवेति विलीयते।
यद्ब्रह्मणि मनो नित्यं
स योग इति निश्चितः।। (3)

नामरूपमिदं सर्वं ब्रह्म एव इति मनः नित्यं ब्रह्मणि विलीयते - इति यत् सः योगः इति निश्चितः भवति।

अविद्यादशायां अनुभूयमानमिदं जगत् नामरूपात्मकं भवति। घटशरावादीनि नामानि तेषां रूपाणि च वस्तुतो न सन्ति। तत्र सत्यं मृत्तिकैव। तद्वन्नामरूपात्मकं जगदपि ब्रह्मण्यारोपितम्। अधिष्ठानभूतं ब्रह्मैव सत्यम्। योगपरिशीलने परां काष्ठां प्राप्तस्य मनो ब्रह्मणि विक्षेपावकाशं विना लीनं ब्रह्मैव भवति। अयमेव मुख्यो योग इति योगशास्त्रकारैर्निर्णीतं भवति।

प्रथमपद्ये द्विधाकृतस्य योगनिर्वचनस्य यथाक्रमं प्रतिपादनमेव द्वितीयतृतीयपद्याभ्यां कृतमिति वेदितव्यम्।।

——— ❖ ———

चित्तस्य तैलधाराव-
द्वृत्याऽविच्छिन्नयाऽऽत्मनि।
निरन्तरं रम्यते यत्
स योगो योगिभिः स्मृतः।। (4)

अविच्छिन्नया चित्तस्य वृत्त्या आत्मनि तैलधारावत् निरन्तरं रम्यते इति यत् सः योगः योगिभिः स्मृतः।

एकस्मिन् पात्रे स्थितं तैलं कृशद्वारे पात्रान्तरे समर्प्यमाणं धाराविच्छेदं न सहते। तैलधारातुल्यतया चित्तस्य वृत्तिः नैरन्तर्येण आत्माभिमुखं प्रसरन्ती तत्रैव रममाणा बाढमवतिष्ठते। अयमेव चित्तवृत्तिनिरोधाख्यो योगः पतञ्जल्यादिभिः स्वानुभवमूलकतया प्रतिपाद्यते।।

यतो यतो मनो याति
सदाऽत्मनि ततस्ततः।
नियम्य योजयेदेत-
द्योगोऽयं युज्यतामिह।। (5)

मनः यतः यतः याति ततः ततः एतत् नियम्य आत्मनि सदा योजयेत्। अयम् योगः इह युज्यताम्।

अभ्यासदशायां वासनाशेषबलेन विक्षिप्तं मनः यं यं विषयमुद्दिश्य निस्सरेत्तस्माद्विषयाद्दोषदर्शनरूपेण वैराग्येण बलान्निवर्त्य चिदात्मनि योजयितुं प्रयत्नः कर्तव्यः। विषयनिवृत्तिपूर्वकं मनस आत्मन्येव सर्वदा संस्थापनरूपः सोऽयं योगः सिद्धिपर्यन्तं अनुवर्तनीयो भवति।

सर्वानर्थकरः पुंसां
सङ्कल्पः कल्पितैः सह।
उन्मूल्य वासनाजालै-
र्येनात्मनि निरुध्यते।। (6)

दृश्यस्य न दृशोऽस्तित्व-
मतो दृश्यं दृगात्मकम्।
इति युञ्जीत दृग्रूपे
यः स योगविदां वरः।। (7)

पुंसां सर्वानर्थकरः सङ्कल्पः कल्पितैः वासनाजालैः च सह उन्मूल्य येन आत्मनि निरुध्यते. दृश्यस्य अस्तित्वं नास्ति दृशः अस्तित्वं भवति. अतः दृश्यं दृगात्मकम् इति यः दृग्रूपे युञ्जीत सः योगविदां वरः भवति।

अनुकूलेषु बाह्येषु शब्दादिषु विषयेषु सुखसाधनत्वबुद्ध्या तेषां ग्रहणाय श्रोत्रादीनीन्द्रियाणि मनः प्रेरयति। सङ्कल्पशब्दवाच्या। सेयं मनसो वृत्तिर्भवति। जनानां सर्वानर्थकारणं सङ्कल्प एव। सङ्कल्पेन कल्पितं जगदिदमसत्यं भवति। सङ्कल्पस्य कारणं संस्कारापरपर्याया वासना भवति। वासनासहितस्य सङ्कल्पस्य निरवशेषतया समुच्छेदो यथास्यात्तथा क्रियमाणो मनसो निरोधो नियतं करणीयो भवति। दृश्यं दृशो भिन्नं न भवति। दृश्यस्य सत्यत्वं नास्ति। दृग्रूपस्य आत्मन एव सत्यत्वम्। अतो येन सर्वा वृत्तीर्निरुद्ध्य निःसङ्कल्पं मनः सत्ये दृगात्मनि नित्ययुक्तं विधीयते सः योगतत्त्वज्ञानां प्रशस्यतमो भवति।

❖

यदा पिबन् मनोभृङ्गः
स्वानन्दमधुमाधुरीम्।
न स्पन्दति वशीकृत्य
योजितो योगवायुना।। (8)

यदा योगवायुना वशीकृत्य (आत्मनि) योजितः मनोभृङ्गः स्वानन्दमधुमाधुरीम् पिबन् न स्पन्दति (तदा योगः सिद्धः भवति।)

प्रकृतया चञ्चलं मनः भ्रमरत्वेन रूप्यते। पूर्वोक्तैः परिशीलनप्रकारैर्मनोभृङ्गं विषयेभ्यो निवर्त्य आत्मन्येव योजनीयः। आत्मानन्दरूपस्य मधुनो माधुर्यं तात्पर्येण पिबतस्तस्य स्पन्दनलेशोऽपि न संभवति। एवं मनसः स्वास्थ्येन योगः संसिद्धो भवति।।

——— ❖ ———

ध्यानमन्तर्भ्रुवोर्दृष्टि-
र्जिह्वाग्रं लंबिकोर्ध्वतः
यदा स्यात् खेचरीमुद्रा
निद्रालस्यादिनाशिनी।। (9)

यदा भ्रुवोः अन्तः ध्यानं दृष्टिः (च) लम्बिकोर्ध्वतः जिह्वाग्रं (च) स्यात् (तदा) निद्रालस्यादिनाशिनी खेचरीमुद्रा स्यात्।

योगाभ्यासदशायां कषायः, विक्षेपः, निद्रा, लयः - इति चत्वारः प्रतिबन्धाः संभवेयुः। तेषां निवारणाय योगशास्त्रकारैः केचिदुपायाः प्रदर्श्यन्ते। तेषु खेचरी नाम मुद्रा प्राधान्यं भजते। तस्याः स्वरूपं गुरुणा स्वानुभवमहिम्ना पद्येऽस्मिन् निरूप्यते।

स्थिरसुखमासनमासीनः प्राणायामेन प्रत्याहृतेन्द्रियः धारणाध्यानसमाधित्रितयरूपं संयमं अनुतिष्ठति। ध्यानं दृष्टिश्च भ्रुवोर्मध्ये समवतिष्ठेत। जिह्वायाः अग्रभागः जिह्वामूलस्य उपरि वर्तमानायां लंबिकायां वक्रीकृत्य सुदृढं योजनीयः। नियमपूर्वं कृतेनानेन परिशीलनेन

खेचरीनाम मुद्रा स्वाधीना भवति। सेयं स्थितिः निद्रालस्यादीन् दोषान् परिहरन्ती सुखेन योगसंसिद्धिं करोत्येव।।

ज्ञानं कर्मेति लोकेऽस्मिन्
द्विधा योगः समासतः।
अनयोर्योगविस्तारः
सर्वः परिसमाप्यते।। (10)

अस्मिन् लोके ज्ञानं कर्म इति समासतः योगः द्विधा भवति। अनयोः सर्वः योगविस्तारः परिसमाप्यते।

योगदर्शनस्यायमन्तिमः श्लोकः। कर्मदर्शनं, ज्ञानदर्शनं, भक्तिदर्शनं योगदर्शनमिति चतुर्भिः प्रकरणैः प्रतिपादितं तत्त्वं प्रत्यवलोक्य योगविषये स्वकीयं वीक्षणं प्रस्तूयते।

संक्षेपेण योगस्य द्वौ प्रकारौ संभवतः - ज्ञानयोगः कर्मयोगश्चेति। श्रवणेन मननेन निदिध्यासनेन च संपद्यमान आत्मसाक्षात्कार एव ज्ञानयोगेन व्यपदिश्यते। तादृशस्य ज्ञानयोगस्य अधिकारितासिद्ध्यर्थं चित्तशुद्धिफलकं निष्कामकर्मानुष्ठानं कर्मयोगशब्देन निर्दिश्यते। उपासनारूपं मानसं कर्मैव भक्त्या लक्ष्यते। निर्विकल्पसमाधिफलकः चित्तवृत्तिनिरोधलक्षणः योगोऽपि आत्मनि मनसो निवेशनमेवेति प्रसिद्धम्। योगविषयकः सर्वोऽपि प्रपञ्चः ज्ञानकर्मभ्यां द्वाभ्यां विषयाभ्यां व्याप्यते।।

ओं तत् सत्।

इति योगदर्शनम्।।

X

निर्वाणदर्शनम्

निर्वाणं द्विविधं शुद्ध-
मशुद्धं चेति तत्र यत्।
शुद्धं निर्वासनं तद्व-
दशुद्धं वासनान्वितम्।। (1)

दर्शनमालाया अन्तिमे दर्शनेऽस्मिन् परमपुरुषार्थस्य निर्वाणस्य तत्त्वं निरूप्यते।

निर्वाणपदेन संसारोपरमरूपो मोक्षो लक्ष्यते। शुद्धाशुद्धभेदेन निर्वाणस्य द्वैविध्यं. तत्रापि पुनर्विभजनं तेषाञ्चाधिष्ठानभेदः प्रकरणेऽस्मिन् यथाक्रमं विचार्यते।

निर्वाणम् शुद्धम् अशुद्धं च इति द्विविधं भवति। तत्र यत्

निर्वासनं तत् शुद्धम्, तद्वत् वासनान्वितम् अशुद्धं च भवति।

निर्वाणस्य शुद्धमशुद्धं चेति द्वौ भेदौ संभवतः। यस्मिन् निर्वाणे वासना पूर्णतया निर्गता तच्छुद्धं निर्वाणमित्युच्यते। यत्र वासना स्वल्पमात्रतयाप्यवशिष्यते तदशुद्धं निर्वाणमिति वेदितव्यम्। सर्वस्यापि बन्धस्य कारणं सङ्कल्पः। सङ्कल्पस्य निदानं वासनैव। वासनाया निरवशेषत्वं सावशेषत्वञ्च अधिष्ठाय निर्वाणं शुद्धाशुद्धत्वेन द्विविधं प्रकल्प्यते।।

❖

अतिशुद्धं शुद्धमिति
शुद्धं च द्विविधं तथा।
अशुद्धशुद्धं चाशुद्ध-
मशुद्धाशुद्धमुच्यते।। (2)

शुद्धं च अतिशुद्धं शुद्धम् इति द्विविधम् भवति। तथा अशुद्धं च अशुद्धशुद्धम् अशुद्धाशुद्धम् इति द्विविधमुच्यते।

शुद्धम् अशुद्धम् इति द्विधा विभक्तस्य निर्वाणस्य पुनरपि प्रभेदः कथ्यते। अतिशुद्धं, शुद्धमिति, शुद्धनिर्वाणस्य भेदद्वयं संभवति। तथा अशुद्धमपि निर्वाणम् अशुद्धशुद्धम् अशुद्धाशुद्धम् इति द्विधा भिद्यते। एतेषां प्रभेदानाम् आश्रयभूतान् पुरुषान् परस्तात् लक्षयिष्यति।

❖

अतिशुद्धं त्रिधा पश्चा-
द्वरे चैकं वरीयसि।
एकमेकं वरिष्ठेऽथ
शुद्धं ब्रह्मविदि स्थितम्।। (3)

अतिशुद्धं पश्चात् त्रिधा। एकं वरे। एकं वरीयसि। एकं वरिष्ठे। अथ शुद्धं ब्रह्मविदि च स्थितं भवति।

शुद्धनिर्वाणस्य अतिशुद्धं शुद्धमिति भेदद्वयं यदुक्तं तत्र अतिशुद्धस्य त्रयो भेदाः संभवन्ति। अतिशुद्धम्, अतिशुद्धतरम्, अतिशुद्धतमम् इति तेषां व्यपदेशाः संभवन्ति। अतिशुद्धं निर्वाणं ब्रह्मविद्वरे वर्तते। अतिशुद्धतरं ब्रह्मविद्वरीयसि तिष्ठति। अतिशुद्धतमं तु ब्रह्मविद्वरिष्ठे विद्यते। परिशिष्टं शुद्धनिर्वाणं ब्रह्मविदि तिष्ठति।।

❖

अशुद्धशुद्धं विरज-
स्तमोऽन्यत् सरजस्तमम्।
मुमुक्षौ प्रथमं विद्याद्
द्वितीयं सिद्धिकामिषु।। (4)

अशुद्धशुद्धं विरजस्तमः। अन्यत् सरजस्तमम्। प्रथमं ममुक्षौ वर्तते। द्वितीयं सिद्धिकामिषु विद्यात्।

अशुद्धनिर्वाणस्य अशुद्धशुद्धं अशुद्धाशुद्धम् इति प्रभेदद्वयमुक्तम्। तत्र प्रथमम् अशुद्धशुद्धं रजस्तमोरहितं वेदितव्यम्। द्वितीयमशुद्धाशुद्धं रजस्तमोभ्यां संयुक्तमिति द्रष्टव्यम्। अशुद्धशुद्धं निर्वाणं मुमुक्षौ वर्तते।

अशुद्धाशुद्धं निर्वाणं अणिमादि सिद्धिकामिषु पुरुषेषु वर्तते। सि॰ मुक्तिं विघ्नन्तीति योगशास्त्रकारैः स्पष्टमेवोक्तम्।।

दग्ध्वा ज्ञानाग्निना सर्व-
मुद्दिश्य जगतां हितम्।
करोति विधिवत् कर्म
ब्रह्मविद् ब्रह्मणि स्थितः।। (5)

तृतीयस्मिन् पद्ये ब्रह्मविदि स्थितत्वेन निर्दिष्टस्य शुद्धनिर्वाणस्य लक्षणं निरूप्यते।

ब्रह्मवित् ब्रह्मणि स्थितः (सन्) ज्ञानाग्निना सर्वं दग्ध्वा जगतां हितम् उद्दिश्य विधिवत् कर्म करोति।

सच्चिदानन्दलक्षणं ब्रह्मैवाहं इत्यपरोक्षज्ञानं प्राप्तो ब्रह्मविदित्युच्यते। ब्रह्मविद् ब्रह्मैव भवतीति श्रुतिरस्ति। ब्रह्मविद् ब्रह्मण्येन वर्तते। सः ज्ञानरूपेणाग्निना प्रारब्धं सञ्चितं आगामीति त्रिविधान्यपि कर्माणि दग्धवान् भवति। अथापि ब्रह्मविल्लोकहिताय शास्त्रविधिमनुसृत्य कर्माणि कुर्वन्नेव दृश्यते। न कदापि निषिद्धे कर्मणि व्याप्रियते। ईदृशो महात्मा जीवन्मुक्त इति व्यवह्रियते।

संन्यस्य सर्वकर्माणि
सततं ब्रह्मनिष्ठया।
यश्चरत्यवनौ देह-
यात्रायै ब्रह्मविद्वरः।। (6)

यः सर्वकर्माणि संन्यस्य सततं ब्रह्मनिष्ठया अवनौ देहयात्रायै चरति (सः) ब्रह्मविद्वरः भवति।

त्रिधा विभक्तस्य अतिशुद्धनिर्वाणस्य प्रथमो भेदः निरूप्यते।

प्रथमम् अतिशुद्धनिर्वाणं ब्रह्मविद्वरे लक्ष्यते। नित्यं नैमित्तिकं काम्यं चेति त्रिप्रकाराणि भवन्ति कर्माणि। तानि सर्वाण्यपि कर्माण्यविद्वद्विषयान् संत्यक्तवान् भवति ब्रह्मविद्वरः। स तावन्नैरन्तर्येण ब्रह्मात्मैक्यं भावयन् न कदापि व्युत्थानं प्राप्नोति। ब्रह्मविद्वरः क्वचिदपि स्थिरं वासम् अननुतिष्ठन् देशाद्देशं पर्यटन् दृश्यते। यावता भक्षणादिना शरीरस्य स्थितिः संपद्येत तदधिकं नैव स गृह्णीयात्। एवंविधः ब्रह्मविद्वर इत्युच्यते।।

अन्येन वेदितो वेत्ति
न वेत्ति स्वयमेव यः।
स वरीयान् सदा ब्रह्म-
निर्वाणमयमश्नुते।। (7)

द्वितीयं अतिशुद्धनिर्वाणं निरूप्यते।

यः अन्येन वेदितः वेत्ति, स्वयमेव न वेत्ति सः वरीयान् भवति। अयम् सदा ब्रह्मनिर्वाणम् अश्नुते।

स्थलकालादिबोधो यस्य स्वयं न संभवति, येन केनापि बोधितः सन् स्थलकालाद्यनुरोधेन स्नानभक्षणादौ प्रवर्तेत वर्षातपादिभ्यो निवर्तेत

वा। एवंविधः ब्रह्मविद्वरीयानित्युच्यते। तस्य सर्वेषु कालेषु सर्वेषु देशेषु सर्वास्ववस्थासु च ब्रह्मनिर्वाणसुखानुभूतिः संपद्यते।।

❖

स्वयं न वेत्ति किञ्चिन्न
वेदितोऽपि तथैव यः।
स वरिष्ठः सदा वृत्ति-
शून्योऽयं ब्रह्म केवलम्।। (8)

तृतीयस्यातिशुद्धनिर्वाणस्य स्वरूपं निरूप्यते।

यः स्वयम् किञ्चित् न वित्ति, तथा एव वेदितः अपि (न वेत्ति) सः सदा वृत्तिशून्यः वरिष्ठः भवति। अयं केवलं ब्रह्म भवति।

अतिशुद्धतमं निर्वाणं प्राप्तो महात्मा स्थलकालादिकं तदनुरोधेन कर्तव्यं वा न किमपि स्वयं बुध्यते। परेण बोधितोऽपि तन्न बुध्यते। सर्वदा प्रमाणविपर्ययविकल्पनिद्रास्मृतिरूपा वृत्तयः सर्वा अपि स्वयमेव निवृत्ता इव स्वयं लक्ष्यन्ते। असौ ब्रह्मविद्वरिष्ठो भवति। असौ नित्यशुद्धबुद्धमुक्तस्वभावं परं ब्रह्मैव भवति। जीवन्मुक्तस्य पराकाष्ठा पद्येऽस्मिन् प्रतिपादिता भवति।

❖

हेयोपादेयतया नह्य-
स्यात्मा वै स्वप्रकाशकः।
इति मत्वा निवर्तेत
वृत्तिर्नावर्तते पुनः।। (9)

निर्वाणस्य परमोपायभूतं निवृत्तिमार्गं पद्यद्वयेन प्रदर्शयति।

अस्य हेयोपादेयता नहि। आत्मा वै स्वप्रकाशकः भवति -इति मत्वा निवर्तेत। पुनः वृत्तिः न आवर्तते।

आत्मनः परिहर्तव्यत्वेन न कोऽपि दोषो विद्यते। तद्वद् ग्राह्यत्वेन गुणोऽप्यात्मविषये नोपलभ्यते। निर्दोषः परिपूर्ण आत्मेति श्रुत्यानुभूत्या च बोध्यते। आत्मनः प्रकाशनाय न किञ्चिदपेक्ष्यते। आत्मैवात्मानं प्रकाशयति। एवमात्मानं निश्चित्य निवृत्तसकलव्यापारः स्वात्मन्येवावतिष्ठेत। हेत्वभावाद् वृत्तेः पुनरावृत्तिर्नैव भवति। इदमेव नित्यं निर्वाणसुखम्।।

❖

एकमेवाद्वितीयं ब्र-
ह्मास्ति नान्यन्न संशयः।
इति विद्वान्निवर्तेत
द्वैतान्नावर्तते पुनः।। (10)

एकम् एव अद्वितीयम् ब्रह्म अस्ति, अन्यत् न (अस्ति), अत्र संशयः न (अस्ति) - इति विद्वान् द्वैतात् निवर्तेत। पुनः न आवर्तते।

एकमेवाद्वितीयं ब्रह्म इति श्रुतिः ब्रह्मणः सजातीयविजातीयस्वगतभेदशून्यत्वं प्रतिपादयति। एकमिति विशेषणेन ब्रह्मणः सजातीयस्य ब्रह्मान्तरस्य निरासः क्रियते। अद्वितीयमिति विशेषणेन ब्रह्मसकाशाद् विजातीयस्य वस्त्वन्तरस्य निरासः। एवकारेण ब्रह्मण उत्पत्त्यादिविकाररहितत्वं, मूलमध्याग्राद्यवयवरहितत्वं च निरस्यते।

एवंविधस्य ब्रह्मणः सत्ता कालतः परिच्छिन्ना न भवति। न कदापि ब्रह्म नासीत्, न कदापि ब्रह्म न भविष्यति। ब्रह्म सदेवेत्यर्थः। एतेनैव तदन्यस्य निरासे सिद्धेऽपि मन्दाधिकार्यनुग्रहाय तत्प्रतिषेधं करोति नान्यदित्यंशेन।'ब्रह्म सत्यं जगन्मिथ्या' इत्यनेन ब्रह्मणः पारमार्थिकसत्यत्वं तदन्यस्य मायया कल्पितत्वेन अनिर्वचनीयत्वं च बोध्यते।

अहं ब्रह्मेति श्रुत्याऽनुभवेन च आत्मनः ब्रह्माभिन्नत्वं बोध्यते। सर्वभेदरहितमिदं दर्शनम् अद्वैतमित्युच्यते। तदिदमद्वैतदर्शनं श्रवणमनननिदिध्यासनैः संप्रतिपद्य विमुक्तसन्देहः विद्वानित्युच्यते। तादृशस्य विदुषो द्वैतादात्यन्तिकनिवृत्तिर्भवति। द्वैतभ्रान्तिरेव सर्वानर्थहेतुः। तत्त्वज्ञानेन सर्वबन्धविमुक्तिरूपं निर्वाणं संसिद्धम्। तस्य च नित्यत्वाद् द्वैतावृत्तिर्नैव संभवेत्। मोक्षापरपर्यायं निर्वाणमेव परमपुरुषार्थः।

अध्यारोपप्रभृतिभिर्निर्वाणपर्यन्तैर्दशभिर्दर्शनैः सुनिपुणं गुम्फिता मालेत्यन्वर्थनाम्नी सेयं कृतिर्गुरोरनुग्रहेण दीधितिसाहाय्येन च यथामति विवृता सुधियां प्रीतये भूयादिति शम्।।

ओं तत् सत्।

इति निर्वाणदर्शनम्।।